AF185757

Es ist mir ein Anliegen, Ihnen einen schnellen Einstieg und einen guten Überblick in das Thema Saftfasten zu geben. Ich trage in diesem Büchlein recherchiertes Wissen und eigene Erfahrung zusammen. Ich erläutere das Warum und das Wie und stelle Rezepte vor. Im Anschluss daran finden Sie eine Übersicht der Früchte und der Gemüsearten mit ihrer Wirkung. Am Ende des Büchleins gehe ich auf eine vegane Ernährung ein und die damit verbundenen Vorteile für Mensch und Tier. Selbstverständlich müssen Sie sich nach dem Saftfasten nicht Ihre Ernährung umstellen, jedoch stellt es einen günstigen Zeitpunkt dafür dar.

Vielen Dank, dass Sie sich mit der Ernährung und der Gesundheit Ihres Körpers auseinandersetzen.

www.tredition.de

Gewidmet meiner lieben Frau und meinen Kindern, auf deren Hilfe und Unterstützung ich immer bauen kann.
Vielen Dank.

Alexander Porst

Saftfasten das Tor zu neuem Leben

Möge der Saft mit Dir sein

© 2016 Alexander Porst
Umschlag, Illustration: Eliane Porst
Lektorat, Korrektorat: Elena Körber

Verlag: tredition GmbH, Hamburg

ISBN
Paperback   978-3-7345-6893-0
Hardcover   978-3-7345-6894-7
e-Book   978-3-7345-6895-4

Printed in Germany

Haftungsausschluss und allgemeiner Hinweis zu therapeutischen Themen

Die hier dargestellten Inhalte dienen ausschließlich der neutralen Information und allgemeinen Weiterbildung. Sie stellen keine Empfehlung oder Bewerbung der beschriebenen oder erwähnten Methoden oder Wirkungen dar. Der Text erhebt weder einen Anspruch auf Vollständigkeit noch kann die Aktualität, Richtigkeit und Ausgewogenheit der dargebotenen Information garantiert werden. Der Text ersetzt keinesfalls die fachliche Beratung durch einen Arzt oder Apotheker und er darf nicht als Grundlage zur eigenständigen Diagnose und Beginn, Änderung oder Beendigung einer Behandlung von Krankheiten verwendet werden. **Konsultieren Sie bei gesundheitlichen Fragen oder Beschwerden immer den Arzt Ihres Vertrauens!** Ich übernehme keine Haftung für Unannehmlichkeiten oder Schäden, die sich aus der Anwendung der hier dargestellten Information möglicherweise ergeben ergeben.

Inhaltsverzeichnis

„Wer nicht ganz gesund und noch nicht krank ist, dem bringt maßvolles Fasten die Gesundheit. Auch die Gesunden sollen diese Kur machen, weil es ihnen die Gesundheit erhält, damit sie nicht krank werden."

Hildegard von Bingen

Auf ein Wort

Ich bin kein Freund der langen Rede und somit auch keiner der langen Texte. Dies ist ja kein Krimi oder Liebesroman, der Sie durch den Urlaub retten muss. Es ist ein Buch, dessen Ziel es ist Ihnen nützliche Informationen zum Thema Saftfasten zu liefern. Auf Ausschweifungen und lange Geschichten verzichte ich soweit wie möglich.

Für Leser, die sich tiefer in dieses Thema einarbeiten wollen, habe ich eine Literaturempfehlungen am Ende dieses Buches eingefügt.

1 Das Saftfasten

Im Jahr 2015 betrug die durchschnittliche Lebenserwartung 77 Jahre und 9 Monate bei Männern. Laut Marshall David Sahlins wurden Jäger und Sammler in der Altsteinzeit rund 30 Jahre alt. Bereinigt man diesen Wert von der sehr hohen Kindersterblichkeit, lag das Sterbealter unserer Vorfahren vermutlich bei 68 bis 78 Jahren. Nahezu unverändert seit über 2 Millionen Jahren! Was sich aber geändert hat sind die Fälle von Diabetes, Bluthochdruck, Fettleibigkeit und Krebs und ein exponentiell steigender Medikamentenkonsum.

Wo soll das hinführen? Bleibt uns wirklich nichts anderes übrig, als immer mehr Chemie zu schlucken? Das Fasten zählt zu einer der ältesten alternativen Heilverfahren. Durch das Saftfasten wird es Ihnen gelingen sich aus dem Teufelskreis der Medikamente und Nebenwirkungen zu befreien. Und mehr noch: Es kann der Einstieg sein, eine neue und bewusste Lebenseinstellung zu erlangen.

Frischen und unbehandelten Saft zu trinken ist eine tolle Sache und die Zeit des Saftfastens gehört bis jetzt zu einen der besten Erfahrungen, die ich gemacht habe. Ganz gleich, aus welcher Motivation Sie heute dieses Buch lesen, ob es Ihnen um gesundheitliches Wohlempfinden geht oder Sie mit Ihrem Gewicht unzufrieden sind oder Sie eine Ernährungsumstellung planen - tun Sie es! Machen Sie unbedingt die Erfahrung des Saftfastens.

Als ich im Jahr 2016 auf der griechischen Insel Kreta meine Erfahrungen mit dem Saftfasten online teilte, erreichten mich viele private Nachrichten. Die meisten baten mich um Rezepte oder wollten selbst Saftfasten und wussten nicht so recht, wie sie dabei vorgehen sollten. Manche haben Angst etwas falsch zu machen oder das Saftfasten nicht durchzustehen.

Fasten ist der völlige oder teilweise Verzicht von Speisen, Getränken und Genussmittel. Beim Saftfasten nimmt man nur Säfte zu sich und zwar die frischen und rohen Säfte.

1.1 Die Angst vor dem Fasten

Ist das denn überhaupt gut für mich? Seit Urzeiten fasten die Menschen. Sei es aus Mangel an Nahrung oder aus religiösen Gründen. Die aller längste Zeit fasteten wir aus Mangel an Nahrung. In fast allen großen Weltreligionen ist das Fasten üblich. Fasten ist völlig normal und der Mensch hat sich in seiner Entwicklung gut daran gewöhnt. Was das Fasten betrifft, ist unser Körper also ausreichend angepasst, nur Daueressen war von der Evolution nicht vorgesehen. Jeder kann also fasten! Das Problem ist der Überfluss, mit dem wir nicht umgehen können.

Unsere Intention ist es aber nicht, den Göttern eine Freude zu machen und unser Kühlschrank ist auch meist recht voll. Wozu also? Fasten ist nach Meinung mancher Ärzte und vieler Heilpraktiker gesund. Manche Ärzte sagen auch es ist Blödsinn. Ganz ungeachtet davon ist das Saftfasten nicht mit dem Fasten, also mit dem völligen Verzicht von Nahrung zu vergleichen. Beim Saftfasten verzichte ich lediglich auf Makronährstoffen wie Fett, Kohlenhydrate und Eiweiß und nicht auf Mikronährstoffe, wie Vitamine, Mineralstoffe und Spurenelemente. Also keine Angst. Den einzigen Fehler, den Sie machen können ist der, nie zu beginnen!

Wenn Sie gesundheitlich angeschlagen sind, besprechen Sie eine Fastenzeit immer mit Ihrem Therapeuten. Auch wenn Sie regelmäßig Medikamente einnehmen oder sich unsicher sind, gehen Sie zuvor zu einem Heilpraktiker Ihres Vertrauens. Sie können natürlich auch Ihren Arzt fragen - vorausgesetzt er hat sich mit dem Thema Saftfasten schon irgendwie befasst.

Was bringt den Doktor um sein Brot?

1.2 Unser Benefit durch das Fasten

Warum sollten Sie Saftfasten? Beim Fasten mit Wasser und vielleicht etwas Brühe findet man deutlich mehr Gegner und warnende Töne, als beim Saftfasten. Diese reichen von absoluter Humbug bis zu gefährlicher Nonsens. Diese warnenden Töne werden beim Saftfasten deutlich leiser. Dies ist meines Ermessens der Tatsache geschuldet, dass wir unseren Körper trotz Fasten prima versorgen. Wir verzichten ja nur auf Fett, Eiweiß und Kohlenhydrate. Ach ja, natürlich auch auf Nikotin, Koffein, Alkohol und andere Drogen! Allerdings findet man in letzter Zeit auch immer öfter positive Berichte aus der Schulmedizin über das reine Fasten. Bislang ist Fasten für die Wissenschaft einfach uninteressant, da kein patentierfähiges Medikament daraus entwickelt werden kann. Arte strahlte unlängst eine interessante Dokumentation mit dem Titel: "Fasten und Heilen Altes Wissen und neueste Forschung" aus. Da berichtete zum Beispiel ein deutscher Schulmediziner und Professor aus Berlin, dass wenn er mit einem Medikament dieselben Erfolge hätte, wie mit dem Fasten, dann würden die Geldgeben bei ihm Schlange stehen. Oder Forscher aus den USA berichten von Studien die belegen, dass beim Fasten die gesunden Zellen stärker und die kranken Zellen schwächer werden. Jeder Arzt sagt Ihnen ganz klar, es gibt aus medizinischer Sicht keine Schlacken in unserem Körper. Ich frage mich dann aber, was ist Zahnstein, was ist Gallenstein, was sind Nierensteine? Was hat Kalk in unseren Gefäßen zu suchen? Das gehört da doch alles nicht hin? Also ist es Schlacke. Ein Abfallprodukt, dass eigentlich schnell raus sollte.

1.2.1 Saftfasten ist gesund

Beim Fasten verändert sich der Zucker- und Cholesterinwert zum positiven. Der Darm kann sich völlig entleeren und befreit sich von Rückständen und abgestorbenem Zellmaterial. Der Darm bekommt mal Urlaub und seine Darmflora verändert sich vorteilhaft.

Fasten wirkt sich positiv auf unsere Zivilisationskrankheiten wie Diabetes, Arthritis, Rheuma und Herzkreislauf-Probleme aus. Der Hosenbund wird enger und das Bewusstsein weiter.

*"Wer stark, gesund und jung blei-
ben will, sei mäßig, übe den Körper,
atme reine Luft und heile sein Weh
eher durch Fasten als durch Medikamente."*
Hippokrates

1.2.2 Saftfasten ist gut für Seele & Geist

Saftfasten bedeutet auch „Nein" sagen!
In erster Linie Nein zu fester Nahrung, aber
auch Nein zur Reizüberflutung und Ja zur
Entschleunigung und in sich selbst hinein
horchen. Für mich war es ein Erfahrung
größter Achtsamkeit. Eine Zeit sich neu zu
ordnen, den Wert des Kleinen wieder zu ent-
decken. Das Simple und Einfache genießen
zu können. Eigentlich waren es gerade diese
Punkte, weshalb ich die Zeit des Saftfastens
so positiv in Erinnerung habe. Man fühlt sich
so unabhängig und frei, so voller Energie
und Tatendrang. Wo kam nur diese Energie
her?

„Blumeninnig hingegeben;

*Vergiss dein Begehren, vergiss
dein Streben*

Und sei in seliger Einfalt frei

*Des Zwangs, der dich durchs Hirn
regiert!*

Er hat dich freilich hoch geführt

Und vieles dir zu wissen gegeben,

Aber das allertiefste Leben

Wird nicht gewusst, wird nur ge-
spürt.

Der Blumen zarte Wurzeln fühlen

Im keimlebendigen, frühlingsküh-
len

Erdboden mehr von ihm als du.

Und bist doch auch ein Kind der
Erde.

Dass sie nicht sinnenfremd dir
werde,

Wende ihr heute die Sinne zu! ..."

Otto Julius Bierbaum

1.2.3 Saftfasten zum Abnehmen

Ja, aber! Ja, beim Saftfasten verliert man Pfunde. Nach meinen Safttagen hat mir wieder eine 20 Jahre alte Arbeitshose gepasst. Warum meine Mutter die so lange aufgehoben hat, weiß ich allerdings auch nicht. Aber dieser positive Effekt ist nicht von Dauer, wenn er nicht mit einer Ernährungsumstellung einhergeht.

Wenn Sie abnehmen wollen, spricht nichts dagegen dies mit dem Saftfasten beginnen. Aber behalten Sie sich stets vor Auge, dies ist der Anfang und ohne eine Ernährungsumstellung im Anschluss, wird ihr Erfolg nicht von Dauer sein. Aber es ist ein guter Anfang, denn nach dem Saftfasten könnte sich Ihre

Einstellung zum Essen grundlegend ändern. Ein Stichwort hierzu ist Wertschätzung.

1.2.4 Saftfasten für den Neustart

Wer seine Ernährung umstellen möchte findet nach den Safttagen ideale Voraussetzungen. Ich freute mich danach, in einen Apfel zu beißen oder eine Avocado zu essen und dies tat ich mit voller Achtsamkeit. Das Wort ist im Augenblick in aller Munde, aber es trifft den Nagel einfach auf den Kopf.

Nehmen Sie „Mahlzeit" doch mal wieder wörtlich und nehmen sich reichlich Zeit Ihr Essen gründlich zwischen den Backenzähnen zu mahlen.

Es gibt mittlerweile viele Studien über die schädliche Wirkung von tierischen Produkten. Wir hören es gebetsmühlenartig; „weniger Fleisch essen!" Wir können auf unglaublich viele Krankheiten verzichten, wenn wir unsere Ernährung umstellen und bewusst mit Herz und Verstand dem Thema Ernährung widmen. Dies ist zwar kein Ernährungsbuch, es ist ein Buch über das Saftfasten, dennoch habe ich im hinteren Kapitel Denkanstöße und spreche Empfehlungen aus.

„In der Tat zeigen diese Untersuchungsergebnisse, dass die grosse Mehrheit von vielleicht 80 bis 90 % aller Krebserkrankungen, Herz-Kreislauf-Erkrankungen und anderen For-

men von degenerativen Erkrankungen einfach durch eine rein pflanzliche Ernährung verhindert werden können, zumindest bis ins sehr hohe Alter."[i]

Schauen Sie sich in Ihrem Freundes- und Bekanntenkreis einmal um. Wie viele Menschen über 40, 50 oder 60 Jahren kennen Sie und welche Krankheiten nehmen erschreckend zu? Diabetes, Herzerkrankungen, Fettleibigkeit waren es in meinem Bekanntenkreis. Es ist doch nicht normal, dass ein Mensch mit 65 Jahren alt ist. Unser Körper ist zu weitaus mehr in der Lage, pflegen Sie ihn!

1.2.5 Saftfasten zum Reboot

Frei nach Joe Cross, der mit seinem Film „Fat, Sick and Nearly Dead" tausende Menschen zum Saftfasten animierte, indem er 60 Tage nur Saft trank und dabei durch die Staaten reiste und mit Menschen über Ernährung sprach. Für Joe ist das Saftfasten ein Reboot für den Körper.

Joe litt an einer seltenen Autoimmunkrankheit, die in zwang täglich hohe Dosen Tabletten einzunehmen. Nach den 60 Tagen war er deutlich schlanker und gesund.

1.3 Die Vorbereitung

In der Vorbereitung müssen Sie sich evtl. einen Entsafter besorgen, den Kühlschrank füllen, den richtigen Zeitpunkt finden und sich mental und körperlich auf das Saftfasten vorbereiten.

1.3.1 Entsafter

Sie benötigen einen Entsafter und den richtigen zu finden kann eine Tortur sein.

Es gibt eine Vielzahl von Entsaftern mit verschiedenen Entsaftungstechniken. Die Wahl des Entsaftertyps richtet sich in erster Linie nach dem Material, welches Sie entsaften wollen. Es gibt Zentrifugalentsafter, manuelle Graspressen, horizontale Doppelwalzen Entsafter, horizontale Einzelschnecken Entsafter und vertikale Einzelschnecken Entsafter. Im Angebot beim Discounter findet man vielfach den Zentrifugalentsafter. Sein größter Nachteil ist die, durch die schnelle Rotation bedingte, Einwirbelung von Sauerstoff und die damit einhergehende Oxidation und Zerstörung von Enzymen.[ii] Jedoch ist ein Zentrifugalentsafter besser als kein Entsafter. Auf der Seite von Grüne Perlen - www.grueneperlen.com - fand ich hilfreiche Tests.

Ich entschied mich aus folgenden Gründen für den Z-Star Entsafter:

- Er ist klein und nicht zu schwer, also perfekt für das Reisen.

- Er kann Weizengras, Obst und auch Gemüse entsaften.

- Er ist vom Stromnetz unabhängig

- Er lässt sich gut Reinigen

Die gründliche Reinigung Ihres Entsafters beeinflusst die Qualität Ihrer Säfte. Machen Sie sich selbst den Gefallen und reinigen Sie die Maschine gleich nach dem Gebrauch. Eingetrocknete Obst- und Gemüseteilchen zu entfernen dauert ein Vielfaches länger und macht keinen Spaß.

1.3.2 Die Darmreinigung

Pfui – muss das denn sein? Nein, aber... Irgendwie ist in unserer Zivilisation alles Bäh was hinten raus kommt. Von klein an wird es uns eingeredet und als Erwachsener haben wir dann plötzlich ein Problem damit. Völliger Blödsinn Stuhlgang ist normal und da bin ich mich ziemlich sicher, jeder macht es.

*„Fasten und eine damit einher-
gehende Darmreinigung ist in anderen Kulturen ein wichtiger Bestandteil
der Körperpflege und Gesundheits-
vorsorge. In unserer westlichen Zivilisation spielt sie jedoch im öffentli-*

chen Bewusstsein kaum eine Rolle"
René Gräber[iii]

Muss dass denn wirklich sein? Nein, es muss nicht sein, wenn Sie nur wenige Tage Saft trinken. Aber Sie haben nicht den selben Nutzen ohne Darmreinigung und tun sich auch schwerer die Tage gelassen zu überstehen. Ein regelmäßiger, täglicher Stuhlgang ist Voraussetzung, wenn der Körper und der Darm sich reinigen. Sie sollten Ihren Darm dabei unterstützen Giftstoffe los zu werden. Tun Sie das nicht, können Ihnen eintretende Kopfschmerzen bald die Freude am Saftfasten nehmen.

Im Handel gibt es Klyso Pumpen, Klistier Spritzen oder Klistier Bälle. Es gibt auch noch sogenannte Irrigatoren, von diesen Geräten wurde jedoch, in der Literatur[iv], mit der ich mich eingelesen habe, abgeraten.

Mein Tipp: Kaufen Sie sich eine Klistier Pumpe.

1.3.3 Der richtige Zeitpunkte

Viele hatten die Frage gestellt: Kann ich auch Saftfasten während der Arbeit oder muss ich dazu Urlaub nehmen?

Man muss keinen Urlaub nehmen, aber mit Urlaub ist es einfacher und schöner. Ein wichtiger Aspekt beim Fasten ist neben der körperlichen Reinigung die geistige Reinigung. Ein anspruchsvoller Job wird Ihnen möglicherweise nicht die Ruhe bieten um die seelisch, geistigen Vorzüge voll auskosten zu können.

Was die Leistungsfähigkeit betrifft, kann ich nur berichten, dass ich während der Saftkur mehr Reserven hatte. Ich war voller Energie.

Ein weiteres Problem beim Arbeiten sehen ich bei der Saftherstellung. Wir wollen ja frische und rohe Säfte trinken um die volle Kraft des Saftes zu bekommen. Orangen zum Beispiel beginnen laut Dr. Norman Walker[v] bereits nach 15 Minuten zu oxidieren.

Aber lieber während der Arbeit Saftfasten, als überhaupt nicht Saftfasten.

Sie werden spüren wenn es an der Zeit ist mit dem Saftfasten zu beginnen. Ich bestellte meinen Entsafter und wenige Tage nachdem er angeliefert wurde, hatte ich das innere Bedürfnis, jetzt bald zu beginnen. Es überkam mich eine richtige Vorfreude auf das Saftfasten.

1.3.4 Was kann alles entsaftet werden?

Ich war sehr überrascht, was man alles zu Saft verarbeiten kann. Es gibt nur wenige Lebensmittel mit denen Sie roh mit Bedacht umgehen müssen. Dies ist zum Beispiel der

Rhabarber, Grüne Bohnen und die Kartoffel. Aber wie heißt es; die Menge macht das Gift.

Sie können auch Knoblauch und Zwiebeln entsaften, wenn Sie a mit der einhergehenden sozialen Isolation fertig werden und b einen zweiten Entsafter besitzen. Der Geschmack von Knoblauch wird sich nur schwer wieder aus dem Entsafter entfernen lassen und damit zum unfreiwilligen Begleiter der darauffolgenden Rezepte werden.

Die Möglichkeiten beim Saft herstellen sind unglaublich und Sie werden spannende Erfahrungen sammeln.

Ich begann meinen Tag mit einer frisch gepressten Zitrone in einem Glas mit lauwarmen Wasser aufgegossen. Dies regt die Darmtätigkeit an. Am Vormittag war mein Obstanteil und am Nachmittag mein Gemüseanteil höher. Es ist Vorteilhaft weniger Obstsäfte und mehr Gemüsesäfte zu trinken, um nicht zu viel Fruchtzucker aufzunehmen.

Tipp: Kaufen Sie nicht zu viel und dafür lieber öfter und somit frische Lebensmittel.

Kaufen Sie stets höchste Bio-Qualität. Es gibt mittlerweile eindeutige Untersuchungen, dass Personen die herkömmliche Lebensmittel konsumieren eine höhere Schadstoffbelastung im Körper aufweisen, als Personen die Bio-Qualität (dies gilt nicht für das

Bio Label der EU, da deren Richtlinien nicht ausreichend sind) essen.

Lesen Sie sich vor Beginn die in diesem Buch genannten Rezeptvorschläge durch und kaufen Sie nach Ihrer Lust und Ihren Bedürfnissen.

1.3.5 Mental und körperlich vorbereiten

Freuen Sie sich auf Ihre Safttage, Sie werden wundervoll sein. Erwarten Sie nichts und Sie werden alles bekommen. Genießen Sie die Zeit, die Sie nicht mit Essen vergeuden. Gehen Sie spazieren und erfreuen sich der Schönheit unseres Planeten. Bringen Sie sich in eine positive Grundstimmung. Schauen Sie sich z.B. den Film von Joe Cross „Fat, Sick and Nearly Dead" an. Die positiven Veränderungen der Teilnehmer und zu sehen, was möglich ist, das motiviert.

Beim Wasserfasten spricht man von Einleitungstagen, bei denen man die Nahrung bereits umstellt. Dies ist meines Ermessens beim Saftfasten nicht erforderlich. Allerdings tun Sie sich viel leichter, wenn Sie bereits mehrere Tage vor dem Start auf Weizenprodukte und Zucker verzichten. Wie Sie vielleicht wissen, sorgt Weizen dafür, dass Sie regelmäßig alle 2 bis 3 Stunden wieder Hunger bekommen.[vi] Ohne diese Hungerattacken, die durch die vom Weizen hervorgerufene, starke Insulin Reaktion ausgelöst wird, lässt es sich deutlich gelassener Fasten.

„Die Ernährung ist nicht das Höchste im Leben, sie ist der Nährboden, auf dem das Höchste gedeihen oder verderben kann."
Dr. Bircher-Brenner

2 Rezepte

Verwenden Sie wenn immer möglich Bio-Qualität. Günstiger können Sie direkt beim Bioerzeuger einkaufen.

Sollten Sie nicht die Möglichkeit haben Bio-Qualität zu kaufen, waschen Sie Ihr Gemüse besonders gründlich unter warmem Wasser mit einer Gemüsebürste. Schneiden Sie bei Karotten die Spitze und ca. 1 cm unterhalb des Blattes ab.

Zitrusfrüchte nicht mit der Schale entsaften, dies verleiht dem Saft einen unangenehmen Geschmack. Zudem sind Schalen vielfach behandelt.

Tipp: Trinken Sie nach dem Aufstehen den Saft einer Zitrone in einem Glas mit kühlem Wasser aufgefüllt.

Fügen Sie frischen, rohen Säften niemals Zucker zu. Am besten streichen Sie Zucker direkt von Ihrem Speiseplan. Die meisten Früchte, auch wenn sie sauer schmecken, werden vom Körper basisch verstoffwechselt. Wenn Sie Zucker zugeben, kehren Sie dies um und die Früchte werden sauer verstoffwechselt. Im Sauren liegt der Tod, im Basischen die Gesundheit, sagt ein Sprichwort. In der Regel sind unsere Organismen durchweg zu sauer.

Die folgenden Mengenangaben beziehen sich auf ein Stück in mittlerer Größe. Ferner sind Mengenangaben beim Saft Entsaften nur grobe Richtwerte. Jeder Apfel und jede Orange gibt eine unterschiedliche Menge Saft ab. Auch ihr Geschmack und ihre Süßkraft variieren. So ist das zum Glück noch bei echten, natürlich gewachsenen Früchten.

Alles nacheinander durch den Entsafter lassen und frisch genießen. Je frischer, desto besser. Manche Säfte verlieren bereits nach 15 Minuten langsam an Kraft.

2.1 Frische Säfte aus Früchten

Sie werden schon sehr bald beginnen Ihre eigenen Saftkreationen zu verwirklichen. Besonders mit Früchten ist das Ergebnis fast ausnahmslos lecker.

Verwenden Sie stets reife Früchte, da unreife Früchte eine saure Reaktion im Körper hervorrufen können. Reife Früchte, auch wenn Sie sauer schmecken, bewirken eine basische Reaktion im Organismus.[vii]

Alle Fruchtsorten unterstützen den Körper bei seinem Reinigungsprozess.

Sehen Sie die folgenden Rezeptvorschläge als Anregung und werden Sie kreativ.

Rezept - 1

½ Ananas
1 Mango
2 Äpfel
2 Pfirsiche

Reinigend, unterstützt die Darmtätigkeit, harntreibend.

Rezept - 2

1 Mango
2 Mandarinen
1 Birne
1 Handvoll Pflaumen

Reinigt den Körper und liefert Kalium und Kalzium. Harntreibend und unterstützt dir Darmtätigkeit.

Rezept - 3

½ Ananas
4 Kiwi
2 Grapefruit

Reinigt den Organismus und unterstützt die Darmtätigkeit. Reguliert positiv den Säure-Basen-Haushalt im Körper.

Rezept - 4

½ Ananas
3 Mandarinen
1 Pfirsich

Unterstützt die Darmtätigkeit und liefert gutes Kalium, Kalzium und Magnesium. Unterstützt den Körper bei seiner Reinigung.

Rezept - 5

2 Äpfel
1 Orange
1 Zitrone
1 Handvoll Heidelbeeren

Unterstützt den Reinigungsprozess und die Darmtätigkeit, unterstützt die Regulierung des Säure – Basen – Haushaltes.

Rezept - 6

3 Pfirsiche
3 Aprikosen
1 große Handvoll Johannisbeeren

Unterstützt die Blase und die Niere, ist harntreibend und unterstützt die Reinigung des Körpers. Gut für Haut, Haare und Nägel und guter Eisenlieferant.

Rezept - 7

½ Ananas
2 Orangen
2 Aprikosen
1 Pfirsich

Unterstützt die Darmtätigkeit und die Reinigung. Fördert die Gesundheit von Haut, Haaren und Nägel und liefert Eisen.

Rezept - 8

3 Orangen
1 Grapefruit
1 Zitrone

Reinigt den Körper und beeinflusst den Säure – Basen – Haushalt positiv.

Rezept – 9

1/2 Ananas
1 Apfel
2 Pfirsiche
2 Mandarinen
2 Orangen

Unterstützt die Reinigung des Körpers, die Darmtätigkeit und wirkt harntreibend.

Rezept - 10

1 gute Handvoll reifer Erdbeeren
2 Äpfel
1 Zitrone

Unterstützt den Körper bei der Reinigung und versorgt ihn mit Mineralien.

Rezept - 11

½ Ananas
2 Birnen
2 Kiwis
1 Handvoll Johannisbeeren

Unterstützt Darm und Blase und wirkt harntreibend.

Rezept - 12

2 Pfirsiche
2 Äpfel
1 Grapefruit

Liefert Kalium, Kalzium und Natrium und hilft bei der Reinigung des Körpers. Unterstützt die Darm- und Blasentätigkeit.

Rezept - 13

2 Äpfel
1 Pfirsich
1 gute Handvoll roter Traube
1 Zitrone

Liefert Kalium, Kalzium und Natrium und unterstützt den Körper beim Reinigungsprozess.

Rezept - 14

½ Papaya
1 Apfel
1 Birne
2 Aprikosen

Unterstützt die Blutgerinnung, die Verdauung und den Reinigungsprozess im Körper.

Rezept – 15

1 gute Handvoll roter Trauben

2 Aprikosen
1 Pfirsich
1 Orange

Liefert Kalium und Eisen, unterstützt die Regulierung des Säure - Basen - Haushaltes und die Ausscheidung von Harnsäure.

Rezept - 16

½ Ananas
1 Handvoll Brombeeren
1 Handvoll Johannisbeeren
1 Birne

Unterstützt den Reinigungsprozess und die Versorgung mit Mineralien.

Rezept - 17

4 Nektarinen
4 Aprikosen
2 Kiwi

Unterstützt den Körper bei der Reinigung und liefert Kalium, Kalzium und Eisen und ist gut für Haut, Haare und Nägel.

Rezept - 18

2 Birnen
1 Handvoll Pflaumen
1 Handvoll blauer Trauben

Unterstützt den Körper und den Darm bei der Reinigung.

Rezept – 19

½ Ananas
4 Aprikosen
1 Handvoll Pflaumen

Gut für das Säure – Basen – Gleichgewicht und die Reinigung des Körpers.

Rezept – 20

3 Mandarinen
3 Aprikosen
1 gute Handvoll weißer Trauben

Gute Hilfe für Haut, Haare und Nägel. Unterstützt die Reinigung des Körpers und das Gleichgewicht im Säure – Basen – Haushalt.

Rezept – 21

3 Kiwis
2 Äpfel
1 Handvoll Pflaumen
½ Zitrone

Unterstützt die Darmtätigkeit und die Reinigung des Körpers.

2.2 Säfte aus Früchten und Gemüse

Säfte aus Gemüse und Früchten sind auch besonders gut für Kinder. So sind sie, wenn sie richtig zubereitet sind, hervorragend geeignet um Ihrem Kind gesunde Gemüsesorten zu servieren. Besonders in Phasen, in denen Ihr Kind kein Gemüse mag, beginnen Sie mit kleinen Mengen Gemüse und erhöhen Sie langsam den Genüseanteil.

Rezept - 22

1 Apfel
1 Handvoll Trauben
2 Karotten
1 Paprika
1 Tomate
etwas Spinat

Unterstützt die Reinigung des Körpers und die Tätigkeit der Nerven, des Darmes, der Leber und der Augen.

Rezept - 23

3 Karotten
1 Orange
1 Apfel
½ Rote Beete
1 Zitrone

Beeinflusst positiv den Säure – Basen – Haushalt und die Reinigung des Körpers. Gut für Ihre Augen.

Rezept - 24

3 Karotten
2 Äpfel
1 Orange
1 Zitrone

Alleskönner und unterstützt den Körper im Reinigungsprozess.

Rezept - 25

2 Äpfel
1 Gurke
1 Stange Sellerie
1 Zitrone

Kalium, Magnesium, Eisen, Natrium Lieferant und reguliert den Blutdruck.

Rezept - 26

2 Äpfel
1 Gurke
einige Blätter Kohl
etwas Spinat
1 Zitrone

Reinigt den Körper und den Darm und unterstützt die Regulierung des Blutdrucks.

Rezept - 27

3 Äpfel
2 Orangen
2 Stangen Sellerie

Unterstützt die Reinigung und den Temperaturausgleich des Körpers.

Rezept - 28

4 Karotten
1 Apfel

1 Handvoll Erdbeeren

Reinigend, vitalisierend und gesund.

Rezept - 29

4 Karotten
2 Äpfel
½ Rote Beete
1 Zitrone

Gut für die Augen und das allgemeine Wohlempfinden.

Rezept - 30

3 Birnen
ein paar Blätter Rotkohl
1 Zitrone

Unterstützt die Reinigung des Körpers.

Rezept - 31

½ Ananas
½ bis 1 Rote Beete
2 Karotten
1 Orange
1 Handvoll frischer Spinat
ein paar Blätter frischen Kohls
½ Zitrone

Sehr gute Unterstützung bei der Reinigung des Körpers.

Rezept - 32

2 Tomaten
und die dreifache Menge Wassermelone
1/2 Zitrone

Unterstützt den Stoffwechsel und den Säure-Basen-Ausgleich, wirkt harntreibend.

Rezept - 33

1 Gurke
2 Orangen
½ Ananas
1 Handvoll Spinat
4 Rosenkohl

Unterstützt die Reinigung des Körpers und ist gut für Haut, Haare und Nägel.

Rezept - 34

½ Ananas
4 Karotten
½ Zitrone

Hilft bei der Reinigung des Körpers und unterstützt die Tätigkeit des Darmes.

Rezept - 35

2 Äpfel
2 Karotten
1 Stange Sellerie
½ Gurke

Liefert Kalium, Magnesium Natrium und Eisen. Unterstützt die Reinigung und Regeneration des Körpers.

Rezept - 36

2 Birnen
2 Äpfel
1 Orange
1 Stange Sellerie
1 kleine Süßkartoffel

Reinigend und vitalisierend.

Rezept - 37

2 Äpfel
2 Kiwi
ein paar Blätter Kopfsalat

Unterstützt die Reinigung des Körpers und schützt Haut, Haare und Nägel.

Rezept - 38

3 Karotten
1 Grapefruit
2 Orangen
1 Pfirsich

Unterstützt die Reinigung des Körpers und den Ausgleich des Säure – Basen – Haushaltes.

Rezept - 39

2 Äpfel

3 Karotten
ein paar Blätter Kohl
1 Paprika

Unterstützt die Reinigung des Körpers und des Darmes.

Rezept - 40

3 Äpfel
1 Stange Sellerie
1 Zitrone
1 Handvoll Spinat
etwas Kohl

Unterstützt die Reinigung des Körpers und des Darmes.

Rezept - 41

2 Karotten
2 Äpfel
etwas Grünkohl

Unterstützt die Reinigung des Körpers und des Darmes.

Rezept - 42

3 Karotten
1 Apfel
eine gute Handvoll frischen Spinat

Unterstützt die Reinigung des Körpers und die Sehkraft.

Rezept - 43

3 Äpfel
½ Fenchel
1 Orange
1 Zitrone

Gut für die Blutbildung und den Reinigungsprozess.

2.3 Frische Säfte aus Gemüse

Gemüsesäfte sind ein wahrer Quell sprudelnder Gesundheit. Trinken Sie ihn so oft sie können und wollen. Auch nach Ihren Safttagen sollten sie ihn nicht vergessen.

Sehen Sie hierzu bitte auch im Teil Ernährung die Information zu Chlorophyll.

Bei meiner Saftkur hatte ich nur Staudensellerie zur Verfügung, dementsprechend steht in meinen Rezepten die Mengenangabe „Stangen" Sie können aber auch Knollensellerie verwenden.

Rezept - 44

3 Karotten
2 Hand voll Alfalfa Blätter
1 Kartoffel oder Süßkartoffel

Ein echter Zaubertrank für die Haare. <u>Vorsicht:</u> Siehe bitte die Warnung unter Kartoffelsaft.

Rezept - 45

3 Karotten
½ Kopfsalat
1 Paprika
etwas frischer Alfalfa

Frischer Wind für die Haare.

Rezept - 46

3 Karotten
½ Kopfsalat

Ein Saft, den auch Kinder lieben. Karotte plus das wertvolle Eisen des Kopfsalates.

Rezept - 47

3 Karotten
1 Gurke
½ Kopfsalat
2 Handvoll frischer Spinat

Noch ein Zaubertrank für die Haarpracht.

Rezept - 48

3 Karotten
1 Gurke
½ Kopfsalat
wenn Sie haben Alfalfa Blätter

Der Schönmacher, besonders gut für Haut, Haare und Nägel.

Rezept - 49

4 Karotten
1 Gurke
1 Süßkartoffel

Noch ein Schönheitsdrink. Die Süßkartoffel hilft bei Hautunreinheiten.

Rezept - 50

4 Karotten
1 Paprika

Und noch ein Schönmacher bei unreiner Haut. Ferner Hilft dieser Saft, wenn er reichlich getrunken wird, bei Blähungen.

Rezept - 51

1/4 Brokkoli
1 Paprika
½ Kopfsalat
4 Karotten

Vitalisierend und reinigend.

Rezept 52

4 Karotten
1 Gurke
½ Rote Beete

Hilfreich bei rheumatischen Beschwerden durch den Abbau der bei Fehlernährung eingelagerten Harnsäure.

Rezept - 53

5 Karotten
3 Handvoll frischer Spinat

Ein sehr guter Saft für die Augen.

Rezept - 54

4 Karotte
1 Stangensellerie
½ Chicorée (Endivie)
½ Bund Petersilie

Ein Zaubertrank für unsere Augen

Rezept - 55

4 Karotten
2 Stangensellerie
1 Handvoll frischer Löwenzahn
etwas Petersilie

Auch ein Zaubertrank für unsere Augen. Verwenden Sie Petersilie sparsam, damit der Saft nicht zu bitter wird. Besonders, wenn Sie mit dem Safttrinken erst begonnen haben.

Rezept - 56

4 Karotten
½ Rote Beete
½ Fenchel

Besonders Blutbildend und gut bei Menstruationsbeschwerden zu empfehlen.

Rezept - 57

1 Rote Beete
2 Handvoll frischen Spinat
4 Karotten

Ein guter Saft für die Augen.

Rezept - 58

1 Süßkartoffel
1 Gurke

Auch ein Schönmacher, durch die Kombination von Süßkartoffel und Gurke.

Rezept - 59

3 Karotten
2 Stangensellerie
3 Stangen Spargel

Temperaturausgleichend und unterstützt die Drüsen und die Nieren positiv. Reinigt den Körper.

Rezept - 60

2 Tomaten
¼ Brokkoli

Gut für den Stoffwechsel und den Säure-Basen-Ausgleich. Reinigt den Körper und liefert Vitamin A.

Rezept - 61

2 Tomaten
1 Gurke

Liefert unter anderem Natrium und Kalium, unterstützt den Stoffwechsel und die Erneuerung von Haut, Haare und Nägel.

Rezept - 62

½ Rote Beete
4 Karotten
½ Kopfsalat
1 Handvoll frischen Spinat

Unterstützt die Erhaltung und Pflege der Sehkraft. Dies ist ein wertvoller Augensaft.

Rezept - 63

4 Karotten
2 Stangebsellerie
2 Handvoll frischer Spinat
½ Bund Petersilie

Ein Fittmacher, sehr reich an natürlichem Kalium.

Rezept - 64

5 Karotten
Kohl

Soviel Kohl wie Sie sich zutrauen. Beginnen Sie mit wenig Kohl und steigern Sie die Menge nach Ihrem Befinden.

Reinigt den Körper, hilft bei Zahnfleischeintzündungen und unterstützt beim Abnehmen.

Rezept - 65

1 Paprika
2 Tomaten
1 Gurke

Diese Kombination finde ich sehr lecker, jedoch muss man ab und zu rühren, da sich diese Säfte gerne wieder trennen. Nahrung für Haut, Haare und Nägel.

Rezept - 66

10 Rosenkohl
3 Karotten
½ Kopfsalat
nur wenig grüne Bohnen

Mit dieser Mischung tun Sie Ihrer Bauchspeicheldrüse Gutes. Vorsicht: Ich fand auch Literatur, in der die rohen grünen Bohnen als giftig beschrieben werden. Siehe bitte unter grüner Bohnen Saft.

Rezept - 67

2 Tomaten
1 Paprika

Aktiviert den Stoffwechsel und reguliert den Säure-Basen-Haushalt und ist gute für Haut, Haare, Nägel und die Augen.

Rezept - 68

4 Karotten
1 Rote Beete
½ Süßkartoffel

Pflegt die Augen und die Haut.

Rezept - 69

5 Karotten
1 Stange Rhabarber
1 Stange Sellerie

Regt die Darmtätigkeit aufgrund der im Rhabarber enthaltenen Oxalsäure an. Rhabarbersaft nicht pur trinken. Oxalsäure in zu hoher Dosis kann zu Unverträglichkeit führen.

Rezept - 70

4 Spargel
3 Karotten
1 Gurke

Mit diesem Saft unterstützen Sie Ihre Prostata.

3 Der Saft und ihr Nutzen

4.1 Früchte

Ananassaft

Ananas enthält vor allem Zitronen-, Mal-ein- und Tartarinsäure, welche in natürlicher Form Ihren Darm unterstützen und harntreibend sind.

Vielleicht verspürten Sie schon einmal ein unangenehmes Brennen im Mund, wenn Sie zu große Mengen Ananas gegessen haben. Dies ist beim trinken des Saftes nicht der Fall. Durch das entsaften konnte ich alleine eine ganze Ananas problemlos trinken.

Apfelsaft

Auf nüchternen Magen getrunken ist er besonders anregend für die Darmtätigkeit und unterstützt den Reinigungsprozess.

Aprikosensaft

Ist ein sehr guter Eisenlieferant. Durch sein Silizium pflegt er Haare, Haut und Nägel.

Beerensaft

Beeren sind reich an Mineralien, vor allem Kalium und reinigen den Körper. Nutzen Sie die Zeit in der es frische Beeren zu sammeln oder kaufen gibt.

Birnensaft

Birnen sind harntreibend und unterstützen die Reinigung des Körpers.

Grapefruitsaft

Grapefruitsaft besitzt die Eigenschaft bei ernährungsbedingter Arthrose helfen zu können. Seine Salizylsäure hilft anorganisches Kalzium im Körper aufzulösen. Zudem hilft sie beim Säure-Basen-Ausgleich, da sie basisch verstoffwechselt wird.

Mangosaft

Die Mango ist reich an Vitamin C und beugt somit Infektionen und Erkältungen vor. Sie stärkt den Darm und das Herz.

Melonensaft

Der Saft von Melonen, gleich welcher Art, sind zum Fasten besonders geeignet. Ich trank ihn am liebsten pur und etwas gekühlt. Er ist harntreibend und besonders nützlich als Fastensaft.

Nektarinensaft

Nektarinen enthalten viel Kalium und Kalzium und sind ein guter Reiniger für den Körper.

Orangensaft

Orangen sind gute Lieferanten für Kalium, Kalzium und Magnesium, sowie den Vitaminen A, B und C. Sie sind sehr gut für den Säure-Base-Haushalt, da sie gegen eine Übersäuerung des Körpers gut wirken. Verzehren Sie ihn stets frisch und rasch, da er schnell oxidiert.

Papayasaft

Die Papaya ist meines Ermessens auch ein Superfood. Dies wurde mir klar, als ich in Thailand mit Denguefieber im Bett lag. Den Saft der Blätter gab man mir zur Blutreinigung. Hier soll es jetzt jedoch um die Frucht gehen, sie enthält Papain (die grüne, unreife Frucht mehr als die reife) und Fibrin. Papayasaft ist sehr wertvoll für die Blutgerinnung, unterstützt den Verdauungsprozess und ist ein guter Helfer bei den meisten körperlichen Beschwerden.

Pflaumensaft

Pflaumen enthalten reichlich Kalium, Kalzium, Magnesium und Phosphor und können die Darmtätigkeit sehr beschleunigen, was gelegentlich für manchen ein Seegen sein kann.

Pfirsichsaft

Er ist reinigend und harntreibend und hilft bei Nieren- und Blasenproblemen. Geschätzt wird er auch aufgrund seines Gehaltes an Kalium, Kalzium und Natrium.

Traubensaft

Trauben enthalten Kalium und Eisen und regulieren den Säure-Basen-Haushalt. Sie regen die Verdauungssäfte an und unterstützen die Ausscheidung von Harnsäure. Vermeiden Sie kernlose Sorten. Sie verzichten ansonsten auf positive Traubenkernextrakte.

Zitronensaft

Zitronen liefern reichlich organische Zitronensäure. Sie schmecken sauer, werden aber basisch verstoffwechselt, wenn man ihnen keinen Zucker zufügt.

4.2 Gräser- und Gemüsesäfte

Alfalfasaft

Alfalfa, auch unter Luzerne bekannt, kann man durchaus als Superfood bezeichnen. Dieser Saft steht bei den Chlorophyllllieferanten ganz oben. Eine chlorophyllreiche Ernährung baut eine hohe Widerstandskraft gegen Infektionen auf und verleiht Ihnen Gesundheit und Vitalität.

Brennnesselsaft

Eine universell heilende Pflanze von unschätzbarem Wert, ein Wachmacher und Alleskönner. Sie enthält viel Kalium, Kalzium und Natrium und ist vitaminreich.

Da ich auf Kreta meine Saftkur machte, und ich dort keine Brennesseln hatte, finden Sie in diesem Buch keine Rezepte mit Brennessel. Da sie in unseren Breitengraten jedoch ein echtes Superfood ist, möchte ich Sie zumindest hier gebührend erwähnen. Experimentieren Sie mit ihr.

Brokkoli

Er reinigt den Körper und ist reich an Kalium, Phosphor, Schwefel und Vitamin A.

Chicoréesaft

Eine sehr gute Quelle für Vitamin A und besonders wohltuend für Ihre Augen. Ferner sehr gut bei Leber- und Gallenproblemen.

Fenchelsaft

Fenchel (Finocchio) ist gut für die Blutbildung und wird gerne bei Menstruationsbeschwerden getrunken.

Gurkensaft

Reich an Kalium. Wirkt Blutdruck regulierend und ist ein echter Schönmacher. Er unterstützt das Wachstum und die Erneuerung von Haut, Haar und Nägeln.

Gurkensaft ist hilfreich bei Zahn- und Zahnfleischbeschwerden.

Grüne Bohnen Saft

Grüne Bohnen- und Rosenkohlsaft liefern Bestandteile des natürlichen Insulins und unterstützen die Bauchspeicheldrüse.

Vorsicht: Man findet in der Literatur auch Hinweise über die Giftigkeit von rohen grünen Bohnen, diese können zu Übelkeit führen. Eine kritische Menge wurde nicht angegeben, es wird empfohlen reichlich Flüssigkeit zu sich zu nehmen.

Karottensaft

Der Alleskönner. Trinken Sie ihn reichlich und frisch und verzichten Sie auf Kalziumtabletten. Bei stillenden Müttern verbessert er die Milch, er schützt die Augen und hilft bei Entzündungen, ist gut für die Nerven, den Darm, die Leber und unterstützt in idealerweise eine Krebstherapie.

Durch seine ausgewogenen Gehalt an Kalzium, Kalium, Natrium, Magnesium und

Eisen sowie Phosphor, Schwefel, Silizium und Chlor wird er zum Zaubertrank für unsere Gesundheit.

Kartoffelsaft

Durch ihren Gehalt an Kalium, Schwefel, Phosphor und Chlor ist der Saft roher Kartoffeln reinigend und hilft bei Hautunreinheiten.

Vorsicht: Die Kartoffel enthält zum Schutz vor Schädlingen Solanin. Solanin sammelt sich vor allem in den Blättern der Pflanze, den Keimen und grünen Stellen sowie unter der Schale. In der Kartoffel selbst ist der Anteil an Solanin gering. Wiegen Sie Nutzen und Risiko ab. Solanin schmeckt im übrigen bitter. Süßkartoffeln enthalten kein Solanin.

Kohlsaft

Durch seinen Gehalt an Schwefel und Chlor reinigt er den Körper und hilft beim Abnehmen. Leider verursacht er Blähungen, da er faulende Abfallstoffe im Darm löst. Eine Darmspülung unterstützt den Reinigungsprozess. Kohl ist ein wertvoller Jodlieferant.

Kopfsalatsaft

Durch sein Siliziumgehalt unterstützt er die Haut, die Sehnen und das Haar. Er ist reich an Eisen und Magnesium und lindert Magenbeschwerden.

Löwenzahnsaft

Ein Superfood welches Sie kostenlos bekommen, wächst auf unseren heimischen Wiesen. Besser schmecken die jungen Blätter, nach seiner Blühte ist er fast zu bitter. Löwenzahn enthält sehr viel Kalium, Kalzium, Natrium, Eisen und Magnesium und reichlich Vitamin A und C. Entsaften können Sie die Blätter und die Wurzel. Die Wurzeln bitte aber nur in Gegenden, in denen es ausreichend großen Bestand gibt. Er ist besonders wohltuend für Ihre Augen und hilft ganz hervorragend Übersäuerungszuständen entgegenzuwirken. Organisches Magnesium und Kalzium schützt und stärkt die Knochen.

Paprikasaft

Er hilft den Augen, der Haut und den Nägeln durch sein Silizium.

Petersiliensaft

Petersiliensaft ist zu stark um in pur zu trinken! Er ist ein guter Helfer für vielseitige Probleme mit den Augen. Er schützt die Blutgefäße, unterstützt den Sauerstoff-Stoffwechsel und die Tätigkeit der Schilddrüsen sowie die der Nebennieren.

Rhabarbersaft

Vorsicht: Frischer roher Rhabarber enthält große Mengen an Oxalsäure. Verwenden Sie ihn stets sparsam und niemals pur um seine Kraft zu nutzen.

Seine organische Oxalsäure wird benötigt um die Darmperistaltik aufrechtzuerhalten.

Rote-Beete-Saft

Er unterstützt die Bildung von roten Blutkörperchen und sorgt für eine allgemeine Steigerung des Wohlbefindens. Obwohl sein Eisengehalt nicht sehr hoch ist, ist es doch von ausgezeichneter Güte. Dieser Saft ist außerdem ein vorzüglicher Reiniger für den Körper.

Sauerampfersaft

Enthält ein ausgewogenes Verhältnis von Eisen, Magnesium, Phosphor, Schwefel und Silizium und ist deshalb für sämtliche Drüsen eine wertvolle Nahrung. Zudem unterstützt er die Darmtätigkeit positiv.

Selleriesaft

Er ist ein hervorragender Magnesium- Eisen- und Natriumlieferant für unseren Körper. Hervorzuheben ist seine positive Wirkung in Kombination mit anderen Säften.

Zudem beeinflusst er die Körpertemperatur positiv und wirkt übermäßigem Schwitzen entgegen.

Spargelsaft

Spargelsaft reinigt den Körper und ist harntreibend. Er unterstützt die Drüsen und die Nieren positiv und hilft bei ernährungsbedingtem Rheuma.

Spinatsaft

Er erweist sich als große Hilfe bei Problemen mit den Zähnen und des Zahnfleisches. Der frische Saft des Spinates unterstützt den Körper bei der Reinigung und Erneuerung des Verdauungstraktes. Er ist ein gute Quelle für die Vitamine C und E und hilft bei Lähmungen.

Süßkartoffelsaft

Die Süßkartoffel enthält viel natürlichen Zucker, Kalzium, Natrium, Silizium und Chlor. Sie ist noch mehr als die Kartoffel ein Schönmacher.

Tomatensaft

Er ist reich an Natrium, Kalzium, Kalium und Magnesium.

Roher Tomatensaft unterstützt den Stoffwechsel und den Säure-Basen-Ausgleich.

3 Ernährung

Lebensmittel sind Mittel zum Leben. Vieles was sich heute Lebensmittel nennt sind Sterbemittel auf Raten. Der menschliche Körper ist ein Wunderwerk der Schöpfung. Wir bauen ständig neue Zellen auf und entsorgen die alten Zellen, wir erschaffen innerhalb von nur 10 Tagen unsere gesamte Haut neu, wechseln alle 100 Tage unser Blut aus und benötigen nur 10 bis 12 Monate für neue Knochen. Eines der Dinge, die wir dafür tun müssen ist, diesen Körper mit vitalstoffreicher Nahrung zu versorgen. Das heißt frische, auf gesunden Böden gewachsene Lebensmittel.

Zudem gibt es Ernährungsempfehlungen wie Sand am Meer. Es ist schwer die richtige Ernährung für sich zu finden. Für mich war eines klar: Wenn ich mich genauso ernähre wie alle anderen, dann werde ich auch die selben Krankheiten bekommen wie alle anderen. Und das sind Herz-Kreislauf-Erkrankungen, Krebs, Diabetes und Arthrose um nur einige zu nennen.

Manchmal hilft es nachzudenken, denn oftmals ist die Antwort in uns. In sich zu gehen und nachzudenken, ist eine gute Methode die Wahrheit zu finden. Denn Sie selbst wollen nur das Beste für sich. Die Anderen wollen zwar auch nur Ihr Bestes, doch aus deren Sicht könnte dies Ihr Geld sein.

Denken Sie einfach mal über folgende Fragen gründlich nach:

- Warum trinken wir, als einziges säugendes Lebewesen dieser Erde, nach dem Säuglingsalter immer noch Milch (oder essen Milchprodukte) und dies auch noch von einer fremden Art?

- Warum verfüttern wir 90% der Sojaernte und über 50% der Getreideernte an Nutztiere, während täglich Menschen, Kinder und Babys an Hunger sterben?

- Warum kaufen wir wassersparende Duschköpfe, wenn die Produktion von 1 kg Rindfleisch Tonnen von Wasser benötigt?

- Weshalb muss ich mir bald wieder ein neues Auto kaufen um nach Stuttgart in die Umweltzone fahren zu dürfen, wenn doch die UNO bereits 2006 in einer Studie fest stellte, dass die Nutztierhaltung weltweit für 18 Prozent aller Treibhausgase verantwortlich ist und so mehr Treibhausgase als der weltweite Verkehr mit Autos, Eisenbahnen, Schiffen und Flugzeugen insgesamt erzeugt?

- Warum empfinden wir große Trauer, wenn unser Hund stirbt oder vor uns eine Katze überfahren wird, sind aber gleichzeitig nicht in der Lage Mitgefühl für die Nutztiere in unseren Schlachthöfen zu empfinden? Und Deutschland ist Weltmeister, nicht nur im Fußball, auch im Schweinezüchten / -töten.

Ich aß die allermeiste Zeit meines Lebens viel Fleisch. Ich liebte es zu grillen, mochte gerne und viel Parmesan auf meine Spaghetti und trank reichlich Milch.

Die Milch war es dann auch, die den Stein bei mir ins Rollen brachte. In meiner Grundschule hing damals noch Werbung für die Milchindustrie. „Milch macht müde Männer munter" und dergleichen prangte auf den Plakaten in den Fluren unserer Schule. Ich glaubte das. Und als ich mich dann mit Ernährung beschäftigte, die aus wissenschaftlichen Studien und nicht die aus der Propagandaschublade der Milchindustrie, war ich echt sauer. Ich war wirklich sauer und enttäuscht über diese Täuschung und über meine Naivität.

Jetzt wollte ich es genau wissen, ich durchforstete Untersuchungen und wissenschaftliche Studien und konnte schließlich die oben aufgeworfenen Fragen für mich beantworten. Ich hoffe, dass ich Sie durch das

Lesen dieses Büchleins zum Nachdenken bewegen kann und Ihre Neugier auf mehr Information geweckt habe.

Heute lebe ich vegan und dies obwohl ich früher immer dachte: „Veganer sind doch alles Spinner". Ich habe ohne knurrenden Magen 20 kg abgenommen und fühle mich pudelwohl und erfreue mich bester Gesundheit. Ich fordere Sie nicht auf vegan zu leben. Ich fordere Sie auf, sich zum Wohle Ihrer Gesundheit, dem Wohl der Menschheit und dem Schutze des uns anvertrauten Tieres, zu informieren und die daraus resultierende Entscheidung zu treffen.

Kuhmilch

Da bei mir wie gesagt, die Milch den Stein ins rollen brachte, möchte ich hier mit der Milch beginnen.

Milch ist gesund. Ja das stimmt. Milch ist mehr als gesund, Milch ist ein echter Zaubertrank – für Kälber! Denn für Babykühe ist sie gemacht. Ihre gesamten Inhaltsstoffe, Enzyme, Hormone und so weiter sind von Natur aus perfekt auf ein Kalb abgestimmt. Ein Kalb kann mit diesem Zaubertrank in ca. 47 Tagen sein Gewicht verdoppeln. Ein Baby verdoppelt sein Geburtsgewicht im Durchschnitt nach 120 Tagen. Ein Kalb sollte möglichst schnell nach der Geburt aufstehen und eventuellen Feinden davonlaufen können. Es benötigt Eiweiß für den schnellen Muskelaufbau. Der Mensch jedoch benötigt Nahrung für sein Hirn.

Warum nur Kuhmilch? Wenn es uns ums Eiweiß geht, dann sollten wir Rattenmilch trinken, sie ist mit 11,8 mg Eiweiß pro Liter unschlagbar. Es ist nüchtern betrachtet nicht nachzuvollziehen warum wir dies tun. Es muss m.E. irgendwann aus der Not heraus geschehen sein und wurde beibehalten. Beziehungsweise mehr als beibehalten, es wurde zu einem Wirtschaftsgut, zu einem Produktionsfaktor und dementsprechend optimiert und kommerzialisiert. Nicht weil es so gesund ist, worauf ich gleich noch kommen werde, sondern weil des so wunderbar lukrativ ist. Die fünf Großen; Nestlé, Danone, Lactalis, FrieslandCampina und Arla Foods, machten 2010 fast 60 Milliarden Euro Umsatz mit Milchprodukteni.

Milch fließt nur reichlich, wenn ein Kälbchen geboren wurde. Das Baby wird i.d.R. nach wenigen Tagen von der Mutter getrennt. Die Milchleistung erreicht nach sieben Wochen ihr Maximum und bleibt für weitere 8 Wochen auf hohem Niveau. Damit sich das wiederholt, wird eine Mutterkuh ca. 12 Wochen nach der Geburt erneut besamt. So muss die Kuh, aufs Jahr gerechnet, das Zehn- bis Zwanzigfache ihres Körpergewichts an Milch geben. Eine immense Belastung, welche zu Stoffwechselkrankheiten und Infektionen des Euters führt. Fast 800 Tonnen Antibiotika wurden im Jahr 2005 an Nutztiere verfüttert. Rund 30 % der Milchkühe haben einer Entzündung des Euters. So gelangt, nach Angaben von Tierschutzorganisationen auch Eiter in die Milch.

Das Bakterium „Mycobacterium paratuberculosis" überlebt die kommerzielle Pasterisation, wenn mehr als 10 Bakterien/ml in Rohmilch vorhanden sind. 92 % aller Giftstoffe (Dioxine und PCB) in unsere Nahrung stammen aus Tierprodukten. Größter Einzellieferant für Giftstoffe ist die Milch mit 47%.

„Das Kohlenhydrat der Milch ist ein wertvoller Energielieferant. Mit ihm bleiben die Kinder leistungsfähig." Das EU Schulmilchprogramm

In einer Versuchsreihe mit Ratten, deren Gebiss dem menschlichen im Bezug auf den Zahnverfall ähneln, wurde folgendes festgestellt. Gruppe 1 bekam Nagerfutter - im Durchschnitt 1 Loch in den Zähnen, Gruppe 2 bekam Zucker - im Durchschnitt 5,5 Löcher in den Zähnen und die Gruppe 3 bekam pasteurisierte Kuhmilch - im Durchschnitt 9,5 Löcher in den Zähnen.

„Milchfett liefert ebenfalls wichtige Energie und sorgt dafür, dass die fettlöslichen Vitamine gut aufgenommen werden. Milchfett ist ein Geschmacksträger und sehr gut verdaulich." Das EU Schulmilchprogramm.

Milchfett besteht hauptsächlich aus gesättigten Fetten, die laut den meisten Studien wenig empfehlenswert sind.

„Milcheiweiß verfügt über eine hohe biologische Wertigkeit. Es ist Aufbaustoff für alle Körperzellen, besonders für Kinder im Wachstum. „Das EU Schulmilchprogramm

„Welches Protein erwies sich durchwegs stark und nachhaltig als krebserregend? Kasein, das 87% des in der Kuhmilch enthaltenen Proteins ausmacht, förderte alle Stadien des Krebswachstums." Professor Dr. T. Colin Campbell.

Die Europäischen Länder mit dem höchsten Milchkonsum haben auch die höchste Osteoporoserate. Das ist richtig und es ist unklar wie es zu diesem Zusammenhang kommt. Ferner liest man, dass Kuhmilch dem Körper mehr Kalzium entzieht, als sie im gibt. Wissenschaftlich ist das jedoch nicht haltbar. Richtig ist, dass tierisches Eiweiß aufgrund seiner schwefelhaltigen Aminosäuren eine Kalziumausscheidung beschleunigt. Das selbe macht jedoch auch Eiweiß aus Getreide, Nüssen und Hülsenfrüchten. Es existieren jedoch keine wissenschaftlichen Belege über eine negative Wirkung von Milchprodukten auf die Knochendichte.

Noch was zum nachdenken; laut aktueller Milchverordnung §2 ist Milch:"...das durch ein- oder mehrmaliges tägliches Melken gewonnene unveränderte Eutersekret von zur Milchgewinnung gehaltenen Kühen". Was uns also im Laden vorgesetzt wird, ist keine Milch, denn sie wurde pasteurisiert oder ultrahocherhitzt, homogenisiert und im Fettgehalt angepasst. EU weit besteht heute Pasteurisierungszwang, obwohl dies im Jahre 1937 vom Leiter des Bakteriologischen Instituts der Preußischen Versuchs- und Forschungsanstalt als Übergangslösung gedacht war.

In seiner Rede zum 11. Weltmilchkongress in Berlin verkündigte er:"Angesichts der Tuberkuloseerkrankungen bei Kühen ergibt sich die Notwendigkeit einer Pasteurisierung, bis die Verhältnisse am Orte der Milcherzeugung den hygienischen Belangen entsprechen. Dann soll eine Rohmilchversorgung eintreten."

Trotz steriler Milchproduktionsanlagen und hoffentlich tuberkulose- und typhusfreier Kuhbestände besteht dieser Pasteurisierungszwang. Dieses Verfahren ermöglicht erst die industrielle Nutzung (Haltbarkeit, Transport, Verarbeitung) und mach die Milch lukrativ.

Um es kurz zu machen, es viele Studien, die die Schädlichkeit von Milch belegen. Sie müssen sich entscheiden, wem Sie glauben. Den Wissenschaftlern, die ihre Studien in renommierten Fachjournalen veröffentlichen oder der Werbung der Milchindustrie. Aber nicht nur die Industrie kurbelt mit ihrer Werbung den Absatz von Milch und Milchprodukten an. Auch die EU fördert mit unseren Steuergeldern den Milchkonsum Die EU-Kommission gibt dafür rund 75 Millionen Euro in Form von Zuschüssen aus.

Die EU Kommission beschloss auch noch, dass nur Milch von der Kuh "Milch" heißen darf und verkauft dies als Verbraucherschutz. Milchige Flüssigkeiten gab es schon immer, so eine weißliche, milchige Brühe eben. Jetzt darf also nur noch die Kuh per Gesetz Milch produzieren, Ziegen geben Ziegenmilch, Schafe Schafsmilch, Pferde Pferdemilch, Mäuse Mäusemilch und Kühe Milch. Komisch. Wenn das Verbraucherschutz wäre, dann müsste die Milch von Kühen doch Kuhmilch heißen. Das wäre klar und Verbrauchersicher. Es wird noch besser; verboten wurde gleich, dass Sojamilch, Hafermilch, Reisemilch etc. ihren Namen behalten dürfen. Sie müssen jetzt eben irgendwie ein anderes Wort für diese milchige Brühe suchen. Latte Macchiato mit Sojamilch - verboten. Latte Macchiato mit Sojadrink oder Kaffee mit Haferschleim, klingt verführerisch. Wenn das mal nicht nach einer dicken Unterstützung für die Milchindustrie riecht und ich meine nicht den kleinen Milchbauern am Ende der Preisschraube.

Tun Sie sich und den Kühen mit ihren Kälbern einen gefallen und trinken Sie keine Milch. Das selbe gilt für Milchprodukte. Mann kann natürlich alle Studien in Frage stellen, dann stellen Sie bitte aber auch die Behauptung, Milch sei gesund in Frage. Prüfen Sie mit logischem Menschenverstand ob es normal ist Muttermilch von Kälbern zu trinken. Wir trinken Milch erst seit ca. 7000 Jahren, zuvor kamen wir prima ohne sie aus.

Eier

Über Eier fand ich nicht so viel kritische Studien.

Es gibt es die Studie von Dr. med. Michael Greger, welche besagt, dass bereits ein Ei pro Woche das Risiko für Diabetes um 76% vergrößert.

Bei der „Kangbuk Samsung Health Study" mit 23417 Teilnehmern stellte man fest, dass mit Zunahme des Eierkonsums das Risiko für Herzerkrankungen steigt.

In einer vom amerikanischen „National Institute of Health" in Auftrag gegebenen Studie, wurde festgestellt, dass mit dem Verzehr von nur 2,5 Eiern pro Woche, sich bei Männer das Risiko für eine tödlich verlaufende Form von Prostatakrebs um 81% erhöht.

Eier erhöhen laut einem Artikel im "American Journal of Epidemiology" das Risiko für Schwangerschafts-Diabetes.

Unser Essverhalten ist konditioniert. Die Inhaltsstoffe des Eis lassen sich leicht durch Alternativen decken. Jetzt werden Sie sagen, aber Ei ist doch fast überall drin: In Nudeln, Spätzle, Kuchen, Pfannkuchen... All diese Dinge lassen sich problemlos auch ohne Ei herstellen.

Hier zum Beispiel mein Lieblingsrezept für fast schwäbische Spätzle:

Man nehme für ein Gericht für 3-4 Personen:
- 500 g Mehl
- 4 EL Johannisbrotkernmehl
- 10 EL Hartweizengrieß (für den echten Spätzlebiss)
- Salz nach Geschmack
- ca. 250 bis 300 ml Wasser
- etwas Muskat
- 1 Messerspitze Curcuma (für die leckere Farbe)
- ca. 5 TL Pflanzenöl (für die echte Konsistenz)

Alles bis auf das Wasser in eine große Schüssel geben und verrühren. Jetzt Wasser dazu bis der Teig beim schlagen große Blasen wirft und schwer vom Löffel fällt.

Wasser kochen, etwas Salz hinzugeben und den Teig mit der Spatzenpresse ins siedende Wasser pressen oder schaben. Wenn die Spatzen oben schwimmen, mit einem Sieblöffel herausnehmen und so weiter bis der gesamte Teig verarbeitet ist.

Wenn Sie Käsespätzle wollen, es gibt veganen Käse im Reformhaus oder im Bioladen zu kaufen. Guten Appetit.

Unter diesem Link finden Sie ein PDF von Peta mit veganen Backalternativen.

Jetzt wissen Sie, dass das Ei nicht gut für Sie ist. Aber es ist noch viel schlechter für die Hühner. Jedes Jahr vergast oder schreddert die Eierindustrie Millionen von Eintagesküken weil sie das falsche Geschlecht haben und somit „wertlos" sind. Den weiblichen Küken steht ein qualvolles Leben bevor.

Fleisch

Warum essen Menschen Tiere? Mal abgesehen von der Möglichkeit, dass es ihnen schmeckt. Die meisten nannten 2 Gründe: A Eiweiß für den Muskelaufbau und die Leistungsfähigkeit und B Eisen. Ein paar wenige meinten auch Vitamine.

Schauen wir uns doch mal auf der Erde um wer isst was und ist wie stark. Mir fällt da als erstes der Elefant ein. Groß, stark und isst hauptsächliche Blätter. Ochsen, Büffel,

Pferde sind auch echt stark und können lange Arbeiten. Sie essen aber auch kein Fleisch. Der Berggorilla ist auch sehr stark. Er frisst auch nur Pflanzen. Also um stark zu sein muss man keine Tiere essen. Sie werden jetzt denken, aber der Löwe ist auch stark. Ja, mag sein, aber was macht er mit seiner Kraft den ganzen Tag? Er pennt. Tiere essen macht müde. Wenn ich mich so anschaue, dann sehen meine Hände nicht wie tödliche Waffen aus. Auch mein Gebiss kann ich von links nach rechts bewegen um mit den Backenzähnen zu mahlen. Und mein Darm? Viel zu lang für einen Tieresser. Also logisch nachgedacht brauche ich wohl kein Fleisch. Dass das funktioniert beweist Patrik Baboumian, er gewann 2011 den "Strongest Man"-Wettbewerb und er ist Veganer.

Tierprotein fördert die Sterblichkeit und pflanzliches Protein fördert die Gesundheit. Aus wissenschaftlicher Sicht ein alter Hut. 1968 veröffentlichten indische Wissenschaftler eine Studie über die krebsfördernde Wirkung tierischen Eiweißes. Und schon viel früher und zwar im Jahr 1907, berichtete die New York Times über Studien, die ein erhöhtes Krebsrisiko bei Tieressern feststellte. Auch Prof. Dr. T. Colin Campbell hat unlängst in seinen Forschungsarbeiten die Schädigungen durch Tierprotein nachgewiesen. Erst vor wenigen Monaten warnte die WHO vor der Krebsgefahr durch Fleisch... Ich frage mich: Warum interessiert das keinen Menschen?

Rotes Fleisch erhöht das Risiko für Nierenversagen.[viii]

Der Verzehr von Fleisch erhöht signifikant das Risiko für Schlaganfall.[ix]

Wissenschaftler der Oxford Universität haben in einer Studie die Daten von 500.000 Männern und Frauen ausgewertet und einen eindeutigen Zusammenhang zwischen Fleischkonsum und Darmkrebs festgestellt.[x]

Ich könnte jetzt noch sehr lange so weiter machen und unzählige Studien aufzählen. Aber solange Sie der Werbung mehr Glauben schenken als der Wissenschaft, werden Sie Ihr Leben und Ihre Ernährung nicht ändern. Wachen Sie auf! Wenn Sie Tiere essen, schaden Sie Ihrer Gesundheit und verursachen unendliches Leid.

„Sie hat den Himmel nie gesehn,
durft nie auf einer Weide stehn,
hat nie auf trocknem, frischem Stroh gesessen.
Sie hat sich nie im Schlamm gesuhlt,
freudig gepaart und eingekuhlt –
wie könnte ich dies Häufchen Elend essen?
Die Speisekarte in der Hand,
seh ich über den Tellerrand
und kann die Bilder wohl nie mehr

vergessen.
Ich möchte nicht, du armes Schwein,
an deinem Leid mitschuldig sein."
Reinhard Mey, aus: Die Würde des
Schweins ist unantastbar

Fisch und Co

Was für Fleisch gilt, gilt auch für Fisch. Fisch hat keine Ballaststoffe oder komplexen Kohlenhydrate, dafür aber jede Menge Cholesterin. Zudem findet man in Fisch oft Schwermetalle oder andere verunreinigende Substanzen aus dem Meer. Wir wissen alle um die hohe Quecksilberbelastung in Fischen. Schwangere dürfen oder sollen keinen Fisch essen. Aber was nicht gut für Schwangere ist, das ist auch nicht gut für Sie. Wissenschaftler der Harvard School of Public Health entdeckten, dass Fischkonsum bei Kindern und bei Ungeborenen zu irreversiblen Gehirnschäden führen kann.

Der Fischfang ist eines der grausamsten Dinge, die wir Menschen tun. Auf den Meeren werden Fische in riesigen Netzen zusammengequetscht. Wenn sie aus den Tiefen hochgezogen werden, erleiden sie eine qualvolle Druckverminderung. Oft platzt durch den enormen Druck die Schwimmblase, die Augen treten aus ihren Höhlen und der Magen wird aus dem Maul herausgepresst. Wenn Fische schreien könnten, wäre der Lärm auf den Meeren nicht auszuhalten.

Professor Dr. Hoffmann von der tiermedizinischen Uni München bestätigt, dass Fische Schmerzen empfinden. Über 150 Millionen Tonnen Fisch werden Jahr für Jahr getötet. Das entspricht ungefähr dem Gewicht von 1,5 Millionen Blauwalen. Wir rotten die Meere aus und schaden unserer Gesundheit.

Fische produzieren kein Jod, sie nehmen es über die Nahrung auf. Wenn Sie Jod wollen, gehen Sie zur Quelle und essen gesunde Algen. Diese bekommen Sie im Reformhaus.

In China essen sie Hunde

Unsere Ernährung ist nichts weiter als eine Gewohnheit und Gewohnheiten kann man ändern. Es ist „normal" Tiere zu essen. Ja und in China wird gerade Golden Retriever in Aspik serviert – normal - und in Kambodscha wird genüsslich eine frittierte Tarantel verspeist – normal. Ja, das alles und noch viel mehr ist normal. Aber was ist denn „normal"? Wir essen Schweine und streicheln Hunde, weil es unsere Eltern und deren Eltern so gemacht haben. Es ist eine Gewohnheit die zur Norm wurde. Dies sagt jedoch nichts darüber aus, ob dies richtig ist. Aber Ihr gesunder Menschenverstand kann erkennen, dass es nicht richtig ist. Lassen Sie sich nicht länger von der Fleischindustrie für dumm verkaufen. Setzen Sie sich hin und studieren wissenschaftliche Studien. Nehmen Sie all Ihren Mut zusammen und

schauen Sie hinter die Kulissen der Schlacht-
höfe. Tierschutzorganisationen haben die
Umstände vielfach gefilmt. Grausam werden
die Rinder, eins nach dem anderen dahinge-
schlachtet. Sehend wie das Rind in der Reihe
zuvor getötet wird, wartet das Nächste unter
Panik auf den Tod. Die Angst- und Stresshor-
mone landen zusätzlich zu den Antibiotika
im Fleisch des Tieres und alle, die Fleisch essen unterstützen diese Tötungshöfe.

*Wenn Schlachthäuser Glaswände
hätten, würden alle Menschen vege-
tarisch leben.*
Paul McCartney

Heute gibt es das Internet und uns allen
stehen jetzt sämtliche Informationen zur Verfügung. Man kann nicht alles aus dem Internet glauben - ja, aber man kann selbst prüfen wie seriös die Quelle ist. Wie ist das Er-
scheinungsbild, wie umfangreich sind die Artikel, werden Quellen angegeben etc. Seien
Sie bei allem was Sie lesen kritisch. Seien
Sie klug und denken Sie nach. Wir müssen
also nicht mehr das selbe essen wie unsere
Eltern, wir können uns informieren. Wenn Sie
sich trauen, finden Sie bei peta und anderen
Tierschutzorganisationen viel Material. Auch
die Albert Schweizer Stiftung und die Seite
von Dr. Walter Heinrich informieren sachlich

mit Quellenangaben ohne Bilder von gequäl-
ten Tieren.

Herbivor, Omnivor oder Karnivor

Sind wir nun Fleisch- oder Pflanzenfres-
ser? Erlauben Sie mir, zu dieser Frage den
Arzt Dr. Joachim Mutter aus seinem Buch
"Grün essen" zu zitieren. Ein Buch, dass Ich
Ihnen sehr empfehlen möchte.

"Vergleichen wir nun einmal den Körper-
bau bei pflanzenfressenden, fleischfressenden und allesfressenden Lebewesen sowie
beim Menschen:

• Alle Zähne eines fleischfressenden
Tiers sind lang, scharf und spitz. Die Ba-
ckenzähne von Pflanzenfressern und Menschen sind stumpf und haben die Aufga-
be, zu zerquetschen und zu zermahlen.

• Die Kiefer eines Fleischfressers bewegen sich nur auf und abwärts, während
die Kiefer eines Pflanzenfressers sich auch
seitwärts bewegen können.

• Der Speichel eines Fleischfressers ist
säurehaltig und deshalb ideal zum Auf-
spalten von tierischem Eiweiß geeignet.
Dagegen enthält er die Kohlenhydrate
aufspaltenden Enzyme Ptyalin und Amylase nicht. Der Speichel eines Pflanzenfressers und des Menschen ist normalerweise

alkalisch (basisch) und enthält Ptyalin und Amylase zum Verdauen von Kohlenhydraten. Der alkalische Speichel ist auch ein höchst wirksamer Schutz vor Karies und Zahnfleischerkrankungen, da die Zahnsubstanz damit remineralisieren kann. Allerdings haben viele Menschen einen sauren Speichel, weil die heute übliche Ernährung zu einer sauren Stoffwechselsituation führt. Pflanzliche Ernährung, insbesondere mit frischen Lebensmitteln, hat dagegen einen bedeutenden Basenüberschuss.

- Der Magen eines Fleischfressers produziert zehnmal mehr Salzsäure als der eines Pflanzenfressers oder des Menschen. Der Fleischfressermagen ist ein einfacher runder Sack mit meist glatt anmutender Oberflächenstruktur. Der Magen eines Pflanzenfressers hat eine längliche Form und eine komplizierte, gefurchte Struktur. Der Magen eines Wiederkäuers ist noch komplizierter.

- Die Därme eines Fleischfressers sind nur dreimal so lang wie sein Körper. Durch diese kurze Darmlänge wird die rasche Verarbeitung und Ausscheidung der schnell in Fäulnis übergehenden Fleischnahrung gewährleistet. Denn Fäulnisgifte sind für alle Säugetiere gefährlich. Unser Darmsystem und das von Menschenaffen ist etwa zwölfmal so lang wie der Körper. Dadurch wird die Nahrung möglichst lange im Körper gehalten und somit besser ausgenutzt.

- Die Leber eines Fleischfressers und eines Allesfressers kann zehn- bis fünfzehnmal mehr Harnsäure entgiften als die eines Pflanzenfressers oder des Menschen. Denn Fleisch und innere Organe enthalten sehr viel Harnsäure. Dagegen enthalten Pflanzen (mit Ausnahme von Getreide, Kaffee und Kakao) praktisch keine Harnsäure. Ein Pflanzenfresser (wie der Mensch) verfügt nicht über das Enzym Uricase. Fleisch- und Allesfresser haben dagegen Uricase. Beim Pflanzenfresser oder beim Menschen steigt durch fleischreiche Ernährung der Harnsäurespiegel im Blut stark an. Harnsäure begünstigt Gicht, Herz- und Blutgefäßerkrankungen.

- Ein Fleischfresser kann Schweiß nicht über die Haut absondern, denn er hat keine Hautporen. Überschüssige Körperwärme kann meist nur über die Zunge abgeführt werden, durch Hecheln. Pflanzenfresser und Menschen dagegen schwitzen über die Haut, haben also Schweißporen.

- Der Urin eines Fleischessers ist immer sauer (egal zu welcher Tageszeit) - Pflanzenfresser, Affen und Menschen haben normalerweise alkalischen Urin (außer morgens). Doch viele zivilisierte Menschen sind übersäuert und haben daher den sauren Urin eines Fleischfressers.

- Die Zunge eines Fleischfressers ist rau wie Schleifpapier. So kann sie Fleischfasern und Sehnen von Knochen oder Knorpel abschaben. Die Zunge eines Pflanzenfressers und des Menschen ist vergleichsweise glatt.

- Unsere Hände haben nicht die Funktion, ein Tier zu „reißen", wie es die Pranken und Krallen eines Fleischfressers vermögen.

- Der menschliche Körper ist nicht in der Lage, Vitamin C selbst herzustellen. Die einzigen Lebewesen, die dies ebenfalls nicht können, sind einige Pflanzenfresser (Meerschweinchen, Neuweltaffen). Sie und der Mensch aßen in ihrer Entwicklungsgeschichte immer frische pflanzliche Kost, die im rohen Zustand ein Übermaß dieses Vitamins enthalten. Fleisch dagegen enthält Vitamin C nur in geringen, nicht ausreichenden Spuren. Deshalb müssen Fleischfresser es selbst produzieren können. In Stresssituationen produzieren sie, auf das menschliche Durchschnittsgewicht von 70 kg gerechnet, bis zu 25 g pro Tag.

- Die Anatomie unseres Verdauungstraktes, der pH-Wert und die Zusammensetzung unserer Verdauungssekrete ähneln dem der pflanzenfressenden Menschenaffen am meisten. Die Ernährung eines Gorillas beispielsweise besteht zu etwa 80 % aus Grünfutter (Blätter, Knospen, Stängel) und zu etwa 20 o% aus Früchten, Samen, Nüssen, Wurzeln oder mitgegessenen Insekten.

- Reine Fleischfresser fressen immer zuerst die Innereien (Gedärm, Leber, Nieren) - den überwiegenden Teil des Muskelfleischs überlassen sie eher den Aasfressern."

Allesfresser ähneln Fleischfressern in ihren Merkmalen sehr. Der Mensch nicht. Er hat weitaus mehr Gemeinsamkeiten mit den Pflanzenfressern.

Es wird vermutet, dass wir um zu überleben in der letzten Eiszeit begannen Tiere zu essen, da es schlichtweg nicht mehr möglich war, den Kalorienbedarf im Eis pflanzlich zu decken.

Heutzutage hängt unser Überleben nicht mehr vom Verzehr tierischer Produkte ab, ganz im Gegenteil. Pflanzliche Kost ist gesünder, leichter verdaulich, umweltschonender und ethischer.

Zu Risiken und Nebenwirkungen

Zu den Risiken Ihrer Gesundheit betreffen habe ich Sie hoffentlich ausreichend neugierig gemacht, jetzt mehr wissen zu wollen. Weitere Risiken und Nebenwirkungen der Nutztierhaltung sind:

- Massenhaftes Brandroden der grünen Lunge unserer Erde für den Sojaanbau um die Nutztiere zu füttern.

- Jede Sekunde stirbt ein Mensch am Hungertod, während wir 40% des Weltfischfanges, 50% der Getreideernte und über 90% der Sojaernte verfüttern.

- Die Nutztierhaltung ist durch den Ausstoß von Treibhausgasen Hauptverursacher des Klimawandels.

- Wer hat uns erlaubt so grausam mit unseren Mitgeschöpfen umzugehen?

„Wenn ich um die Welt reise, sehe ich, wie arme Länder ihr Getreide an den Westen verkaufen, während ihre eigenen Kinder in ihren Armen verhungern. Und der Westen verfüttert dieses Getreide an ihre ‚Nutztiere‘. Nur damit wir ein Steak essen können? Bin ich denn der einzige, der sieht, dass das ein Verbrechen ist?

Glauben Sie mir, jedes Stück Fleisch, das wir essen, ist ein Schlag in das verweinte Gesicht eines hungrigen Kindes. Wenn ich diesem Kind in die Augen blicke, wie kann ich dann noch schweigen? Die Erde kann genug Nahrung produzieren, um die Bedürfnisse aller Menschen, nicht jedoch die Gier aller Menschen zu befriedigen." Philip Wollen ist der ehemalige Vizepräsident der Citibank

Fazit aller Studien

Als ich in meinem Studium die erste Vorlesung im Fach Statistik hatte, begann mein Professor mit folgenden Worten: „Merken Sie sich eines, trauen Sie keiner Statistik, die sie nicht selbst gefälscht haben!" Auch Einstein war der Ansicht, dass das Ergebnis einer Studie mit den Erwartungen des Wissenschaftlers korreliert.

Zudem müssen wir eine gewisse Ungewissheit von Seitens der Wissenschaftler hinnehmen. Eine wissenschaftliche Erkenntnis ist eine Art Entdeckungsreise. Diese Reise geht seltenst geradeaus, oft werden verschiedene Richtungen eingeschlagen, Pfade entdeckt und zurückgefahren, wenn man in einer Sackgasse landet. Der so entstehende Dialog ist geprägt von Annahme, Behauptung und Widerspruch. Unwissenheit ist somit bei laufenden Studien unvermeidbar. Der Weg von wiederholenden Studie und Analyse führt im Idealfall zur Erkenntnis.

„Glyphosat nach neuer Studie nicht krebserregend" So die WHO vor einigen Wochen und gerade rechtzeitig zum EU Entscheid über dieses Gift. An diesem Beispiel sieht man sehr deutlich wie mächtig-Lobbyisten sind und dass jener der bezahlt auch das Ergebnis beeinflusst. Glyphosat ist in der Muttermilch von Menschen nachweisbar und ist hochgiftig.

Ergo, wir wissen, dass es möglich ist, den Ausgang von Studien zu beeinflussen, vorausgesetzt man hat genügend Geld und ein wirtschaftliches Interesse am Ausgang der Studie. Ein wirtschaftliches Interesse und das nötige Kleingeld haben die Fleisch-, Milch- und Eierindustrie. Ein paar kleine Tierschutzorganisationen haben dies meines Ermessens nicht.

In den staatlichen Stellen, die offizielle Ernährungsempfehlungen festlegen, sitzen meistens Vertreter der Nutztierindustrie. Meist getarnt über Beraterverträge.

Ein Beispiel aus der Schweiz, wo man sich noch nicht einmal bemühte, die Verbindungen zur Tierindustrie zu verbergen: Bis vor kurzem saß die Marketingleiterin der Fleischindustrie in der „Eidgenössischen Ernährungskommission", die als oberste Instanz für offizielle Ernährungsempfehlungen in der Schweiz gilt und die Schweizer Regierung berät. Diese Dame war als Marketingleiterin der Fleischindustrie dafür zuständig, den Fleischabsatz zu fördern.[xi]

Selbst wenn wir gesund oder ungesund außer Acht lassen, haben wir eine Verantwortung unseren Mitgeschöpfen gegenüber. Ich bitte Sie, informieren Sie sich über die Zustände in der Nutztierhaltung und Ihren Nebenwirkungen. Tiere wollen nicht gezüchtet und getötet werden.

Die beste Ernährung für Sie und die Welt

Nach aller Recherche und nach etlichem Nachdenken und schlussendlich aus persönlicher Erfahrung ist die beste Ernährung meines Erachtens eine vegane Ernährung mit einem möglichst hohen Anteil an rohen unveränderten Lebensmitteln. Wenn Ihnen Ihre Gesundheit wichtig ist und Sie so fit wie nur irgendwie möglich sein möchten, wenn Sie so gut aussehen wollen, wie möglich und so viel Gutes wie möglich tun wollen, dann ist der einzige vernünftig Schritt, sich vegan zu ernähren.

Es gibt zahlreiche Hilfen im Netz für die Umstellung auf eine vegane Lebensweise. Wenn Sie Schwierigkeiten haben, treten Sie mit mir in Kontakt. Gerne sende ich Ihnen hilfreiche Links und unterstütze Ihr Vorhaben. **Sie erreichen mich über das Kontaktformular auf der Seite des veganen Ohne-Wörter-Buch Vegan Monkey. www.veganmonkey.org**

- Essen Sie kein oder nur sehr wenig tierisches Eiweiß., kein Fleisch, keine Wurst etc.
- Trinken Sie keine Kuhmilch und essen Sie keine Milchprodukten.
- Essen Sie keine oder nur selten Eier.
- Essen Sie keine Fertigprodukte.
- Wenn Sie Gewichtsprobleme, Blähungen oder Diabetes haben, verzichten Sie auf jeglichen Weizen. Das heißt Brot, Pizza und Fertigprodukte weglassen.
- Verzichten Sie auf Zucker.
- Essen Sie frische, unverarbeitete Lebensmittel.

Protein

Gerne stellen die Erzeuger von Tierprodukten das tierische Eiweiß als das beste Eiweiß dar. Diese Behauptung ist wissenschaftlich nicht haltbar.

Protein, auch Eiweiß genannt, besteht aus Aminosäuren. Neun dieser Aminos sind sehr wichtig, es sind; Histidin, Isoleucin, Leucin,

Lysin, Methionin, Phenylalanin, Threonin, Tryptophan und Valin. Weitere Aminosäuren können aus diesen neun hergestellt werden. Es sind die Aminos; Tyrosin, Cystein, Aginin, Glutamin, Glycin, Prolin und Serin. Die Aminosäuren Alanin, Asparagin, Asparaginsäure und Glutaminsäure kann der Körper aus Vorstufen, wie z.B. Kohlenhydraten oder anderen Aminosäuren selbst herstellen. Diese sehr wichtigen oder essentiellen Aminosäuren können durch eine vegane Ernährung gedeckt werden.

Die meisten Menschen nehmen mehr als genug Protein zu sich. Ein Erwachsener benötigt ca. 0,4 bis 0,6 g Protein pro kg Körpergewicht. Sehr angenehm finde ich die Modellrechnung mit der Nahrungsenergiemenge. Hierbei wird z.B. für Protein ein Wert von 10% der Nahrungsenergiemenge angesetzt.

So liegt z.B. bei Kidneybohnen 58% ihrer Energie in Form von Protein bereit. Bei rohem Spinat 50% und bei Kopfsalat 36%. Würden Sie sich nur von Weizen, Hafer oder Kartoffeln ernähren, hätten Sie bereits in ausreichendem Maße Protein zu sich genommen.

Fett

Zuviel Fett macht fett. Ein Gramm Fett hat 9 kcal, Eiweiß und Kohlenhydrate haben 4 kcal/g. Die Gesamtkalorienzufuhr, die durch

Fett gedeckt wird, sollte unter 30% liegen. Meines Erachtens deutlich darunter, es sei denn Sie sind ein Baby.

Fette bestehen überwiegend aus Fettsäuren, sie werden unterteilt in:

- gesättigte Fettsäuren (kann der Körper selbst bilden)
- einfach ungesättigte Fettsäuren (kann der Körper selbst bilden)
- mehrfach ungesättigte Fettsäuren insbesondere Linolsäure (omega-6) und alpha-Linolsäure (omega-3) sind essentiell, d.h. lebenswichtig.

Linolsäure (omega-6) wird zu gamma-Linolensäure dann Arachidonsäure und den Gewebshormonen wie die Prostaglandine E1 + E2, die Thromboxane A1 + A2 und Leukotrien B4 umgewandelt Sie sind entzündungsfördernd, gerinnungsfördernd und gefässverengend.

Alpha-Linolensäure wird zu EPA, DHA und weiter in die Gewebshormone Prostaglandin E3,Thromboxan A3 und Leukotrien B5 umgewandelt. Diese sind entzündungshemmend, gefässerweiternd, gerinnungshemmend. Sie sind die Gegenspieler der omega-6 Gewebshormonen. Aus diesem Grund ist es wichtig auf ein ausgewogenes Verhältnis dieser Beiden zu achten.

Das optimale Verhältnis von omega-6- zu omega-3 Fettsäuren liegt vor bei 2:1 bis 5:1. Keine Sorge, Sie müssen jetzt nicht anfangen zu rechnen. Sie erreichen ein ausgewogenes Gleichgewicht, wenn Sie folgende Öle bevorzugen:

- **Leinöl** enthält 54% alpha-Linolensäure, darf jedoch nicht erhitzt werden. Quetschen Sie auch Leinsamen in Ihr Müsli.
- **Rapsöl** enthält etwa 10 % alpha-Linolensäure und 20 % Linolsäure. Dieses Öl verträgt geringe Hitze.Achten Sie auf Bioqualität.

Ergänzen Sie Ihre Küche mit Wildpflanzen. Diese haben einen höheren Anteil an Omega-3 Fettsäuren als kultivierte Pflanzen[xii]

Kohlenhydrate

Kohlenhydrate liefern uns Energie (4kcal/g) und werden unterteilt in

- Zucker in Form einfacher Kohlenhydrate wie Fruchtzucker, Milchzucker, Traubenzucker und Galaktose.

- Stärke in Form komplexer Kohlenhydrate, die aus langkettigen Glucosemolekülen bestehen.

Bevorzugen Sie komplexe Kohlenhydrate aus Hülsenfrüchten, Gemüse, Obst und Vollkorngetreide. Wenn möglich kein Weizen, Alternativen sind z.B. Emmer oder Dinkel. Versuchen Sie, wie schon erwähnt auf Zucker zu verzichten. Siehe hierzu auch die Literaturempfehlung "Zucker der heimliche Killer".

Vitamin

Wer sich vegan und gesund ernährt (Bier und Chips sind i.d.R. auch vegan, jedoch weit entfernt von gesund!), nimmt automatisch reichlich Früchte und Gemüse zu sich und eine Unterversorgung mit Vitaminen ist eher unwahrscheinlich. Dennoch möchte ich kurz auf Vitamine zusprechen kommen.

Beta-Karotin bzw. Vitamin A kommt uns hier zuerst in den Sinn. Wir finden reichlich beta-Karotin in Karotten und grünem Gemüse und vielen Früchten. Aus beta-Karotin bildet der Körper so viel Vitamin A, wie er benötigt. Vitamin A finden wir nur in tierischen Nahrungsmitteln und zu hohe Dosen an Vitamin A sind giftig, nicht so bei beta-Karotin.

Vitamin B12

Dieses Vitamin wird von Bakterien gebildet und kommt in tierischen Produkten und im menschlichen Dickdarm vor. Je nach Quelle leiden 10 - 60% der Deutschen an B12 Mangel. Diese große Differenz entsteht durch unterschiedliche Messverfahren. Laut Dr. med. Joachim Mutter ist ein funktioneller B12-Mangel nur durch die Bestimmung von Holotranscobalamin (Holo-TC) und Methylmalonsäure (MMA) messbar.

Es wird kontrovers diskutiert, warum es sowohl bei Veganer als auch bei Fleischesser zu einem B12 Mangel kommen kann.

Laut Dr. med. Joachim Mutter können eine Vielzahl von Faktoren die Aufnahme von B12 aus der Nahrung beeinträchtigen, diese sind unter anderem:

- Die Magenbakterie „Helicobacter Pylori".
- Fruktose im Ileum und im Dickdarm und die daraus entstehenden Gärungsprozesse und einhergehende bakterielle Fehlbesiedelung des Darmes.
- Medikamente zur Magensäurehemmung.
- Die Vergiftung unserer Umwelt und damit auch unseres Körper durch Schwermetalle, Lösungsmittel, Plastikbestandteile und Biozide.

- Häufige Einnahme mancher Blutdrucksenkern
- Einnahme mancher Antibiotika.
- Schilddrüsenunterfunktion
- Chronisch entzündliche Darmerkrankungen
- Leber und Nierenerkrankungen
- Rauchen
- Einnahme von Antiepileptika
- Einnahme von Schmerzmitteln
- Alkoholkonsum

Weiter wird diskutiert, dass eine intakte Darmflora B12 synthetisieren kann. Auch der Reflux von B-12-haltiger Biomasse vom Blinddarm oder Dickdarm in das Ileum und ein Rückfluss über die Bauhinsche Klappe in den unteren Dünndarm wird diskutiert.

Jeder, egal ob Veganer oder Mischköstler sollte ab dem 50. Lebensjahr seine B12 Werte prüfen lassen und gegebenenfalls eine zusätzliche Vitamin-B12-Zufuhr in Betracht ziehen. Die meisten Quellen raten zur Supplementierung.

Eine mögliche pflanzliche Quelle für B12 stellt **Chlorella** dar. Sie ist eine Microalge und das Wort Chlorella stammt aus dem lateinischen und bedeutet in etwa "kleines, junges Grün". Selbst Nahrungsmittel wie Rinderleber oder Fleisch kommen nicht an die wirksamen B12-Mengen von Chlorella heran.

Chlorella enthält für den Menschen gut aufnehmbares Vitamin B12 und keine Pseudovitamin B12-Formen. Hier verweist die Literatur auf folgende Studien; Watanabe et al. 2002, Chen & Jiang 2008, Kittaka-Katsura et al.2002.

Zu lesen ist auch, dass Nori-Alge und Hefeprodukte gut verwertbares B12 enthalten. Sie halfen effektiv bei der Behandlung eines B12-Mangels bei Veganern (Donaldson 2000).

Wer auf Nummer Sicher gehen will, findet im Handel viele Produkte, um B12 zu sich zu nehmen. Die Palette reicht von Tabletten über B12 Zahncreme bis zum Multivitaminsaft /-sirup „LaVita", den ich sehr empfehlen kann. Im Juni 2016 erfuhr ich, dass LaVita nun auch vegan ist.

Vitamin D

Wir benötigen Vitamin D für den Knochenaufbau und die Resorption von Kalzium.

Ein Mangel führt zu Knochenerweichung. Es wird geraten Vitamin D in den Wintermonaten einzunehmen, wenn man oberhalb des 52. nördlichen Breitengrades lebt. Dies ist eine Linie ungefähr von Den Haag, nach Hameln und weiter nach Warschau. Ein Sonnenbad auf Arme und Gesicht von täglich 15 Minuten reicht für die Bildung von genügend

Vitamin D. Wenn Sie Vitamin D einnehmen wollen, sollten Sie wissen, dass Cholecalciferol tierischen Ursprungs und Ergocalciferol nicht tierischen Ursprungs ist..

Auch hier empfehle ich Ihnen „La Vita", dieser Saft ist mittlerweile auch vegan.

Sekundäre Pflanzenstoffe

Sekundäre Pflanzenstoffe sind für unsere Gesundheit unerlässlich. Ein reichlicher Genuss von Gemüse und Obst senkt das Risiko für Herz-Kreislauf-Erkrankungen und Krebs deutlich. Wie der Name es schon verrät, finden Sie diese in Pflanzen, ergo in durchdachter veganer Ernährung.

Achten Sie beim Kauf auf Produkte aus biologischer Landwirtschaft oder bauen Sie selbst an, wenn Ihnen eine entsprechende Fläche zu Verfügung steht. Ausgelaugte Böden bringen ausgelaugte Frucht hervor. So kann es bei voll gedecktem Tisch zu Mangelerscheinungen kommen.

Mineralstoffe und Spurenelemente

Eine vegane Ernährung enthält Magnesium, Phosphor, Natrium, Chlorid, Kalzium, Kalium, Zink, Selen, Kupfer, Chrom, Mangan und Molybdän in einem ausreichenden und gesundheitsförderndem Maße.

Eisen

Eines der Hauptgründe, weshalb viele Menschen glauben, Fleisch essen zu müssen ist Eisen.

Besonders Frauen haben im Gegensatz zu Männern einen höheren Bedarf an Eisen; 15mg/Tag im Gegensatz Männer 10mg/Tag.

Unterschieden wir zwischen

- Hämeisen (Fe2+) vom Tier und

- Nicht-Hämeisen (Fe3+) von der Pflanze.

In welchem Umfang pflanzliches Eisen vom Körper aufgenommen werden kann ist von unserem Essverhalten abhängig. Wichtig ist es zu den Mahlzeiten Vitamin C zu sich zu nehmen, denn dieses steigert die Aufnahme um das **3- bis 4-fache.** Dies können Sie z.B. durch ein Glas frischen Orangensaft oder eine frischen Paprika erreichen. Tee und Kaffee, Milch und Eier, Sojaprotein und rohes Getreide können die Eisenaufnahme, wenn Sie in einer Mahlzeit zugefügt werden, hemmen. Auch raffinierter Zucker hemmt die Eisenaufnahme.

Jod

Hier wird unabhängig ob Veganer oder Mischköstler empfohlen Jod in Form von

Meeresalgen, Meersalz oder speziellen Hefe-
extrakte zu sich zu nehmen.

Kalzium

Leider glauben immer noch sehr viele
Menschen, dass sie Milch trinken müssen um
an Kalzium zu gelangen.

Achten Sie besonders bei Kindern auf gutes Kalzium. Brokkoli, Kohlrabi, Grünkohl,
Chinakohl, Kichererbsen, Nüsse und angerei-
cherte Pflanzendriks sind gute Quellen.

Die Urkraft der Natur

Warum ist „grün" so gut für unseren Organismus? Der Stoff aus dem die grünen Helden sind heißt Chlorophyll. Das Chlorophyllmolekül besteht aus Kohlenstoff-, Wasserstoff-, Stickstoff- und Sauerstoffmolekülen, es ist fast identisch mit unseren roten Blutkörperchen. Nur mit dem Unterschied, dass dort wo beim Chlorophyll ein Magnesiumatom sitzt, befindet sich beim Hämoglobin ein Eisenatom. Die höchsten Mengen an Chlorophyll, Vitaminen und Spurenelementen finden Sie in wilden, nicht domestizierten Grünpflanzen. Essen Sie diese so oft wie möglich. Pimpen Sie mit Brennessel, Klee, Löwenzahn, Vogelmiere, Wegerich und Co Salate und Smoothies. Ihr Körper wird es Ihnen danken.

Wenn Sie leben wollen,
dann beißen Sie ins Gras.
Aus „Grün essen"

In unserer Heimat gibt es eine große Fülle an essbaren Wildpflanzen. Sie sind eine große Bereicherung für unsere Nahrung und stehen uns ohne dass sie angebaut werden müssen zur Verfügung.

Gehen Sie in den Wald und sammeln Sie frische Beeren und Wildkräuter. In den meisten Gegenden gibt es mehrmals im Jahr die Möglichkeit an Kräuterwanderungen teil zu nehmen. Erkundigen Sie sich hierüber im Internet, im Bioladen oder Reformhaus. Hier lernen Sie die Pflanzen zu erkennen und sie schmackhaft in der Küche einzusetzen.

Literaturempfehlungen

- Frische Frucht- und Gemüsesäfte von Dr. Norman Walker

- Täglich frische Salate erhalten Ihre Gesundheit von Dr. Norman Walker

- Vitalität pur durch Heilfasten von René Gräber

- China Study von T. Colin Campbell

- EM Eine Chance für unsere Erde von Anne Lorch

- Enzyklopädie Essbare Wildpflanzen AT Verlag

- Weizenwampe: Warum Weizen dick und krank macht, Dr. med. William Davis

- Vegan Monkey, Zeigebuch für die vegane Reise, Eliane Hougée

i China Study" von T. Colin Campbell

ii Quelle www.grueneperlen.com

iii Vitalität pur durch Heilfasten von René Gräber, Heilpraktiker und Gesundheitspädagoge. http://www.gesund-heilfasten.de/

iv Vitalität pur durch Heilfasten von René Gräber, Heilpraktiker und Gesundheitspädagoge. http://www.gesund-heilfasten.de/

v Frische Frucht- und Gemüsesäfte von Dr. Norman Walker

vi Weizenwampe: Warum Weizen dick und krank macht von Dr. med. William Davis

vii Täglich frische Salate erhalten Ihre Gesundheit von Dr. Norman Walker

viii „Singapore Chinese Health Study" untersuchte und bewertete die Daten von 63.257 Teilnehmern.

ix Chinesische Metastudie mit 2 Millionen Studienteilnehmer.

x Bradbury K, Key T. The association of red and processed meat, and dietary fibre with colorectal cancer in UK Biobank.

Zeitfracht Medien GmbH
Ferdinand-Jühlke-Straße 7
99095 Erfurt, Deutschland
produktsicherheit@kolibri360.de